# Le Langage gestuel de l'Amour

Barbara et Allan Pease

# Le Langage gestuel de l'Amour

FIRST Editions

**Le Langage gestuel de l'amour**
Titre original : *The body language of love*

60, rue Mazarine
75006 Paris – France
e-mail : firstinfo@efirst.com

ISBN : 978-2-7540-3887-4
Dépôt légal : février 2013
Imprimé en France par CPI Firmin-Didot
N° d'impression : 116118

Directrice éditoriale : Marie-Anne Jost-Kotik
Traduction : Daniel Roche
Correction : Christine Cameau
Maquette et couverture : Olivier Frenot

Ce livre est dédié à tous ceux qui ont une bonne vue
mais qui ne voient rien.

# Remerciements

Merci à tous ceux qui ont contribué à ce livre, en connaissance de cause… ou pas : Kelly Bradtke, Andrew et Joanne Parish, Decima McAuley, Rebecca Schell, Melissa Stewart, Jasmine Pease, Cameron Pease, Brandon Pease, Bella Pease, Michael Pease, Adam Sellars, John MacIntosh, Norman Leonard, Ken Wright, Amanda Gore, Daniel Clarke, le Dr Janet Hall, Col et Jill Haste, Kirsty et Scott Gooderham, Phil Gray, Shirley Neale et Danny Redman, Des Wilmore, Bernie de Souza, le Dr James Moir, Helen et Ian Belcher, Roger Loughnan, Ivanna Fugalot, le Dr Gennady Polonsky, Christine Walding, Jeff Turner, John Lanesmith, Sally Berghofer, Rob et Sue Keam, Dave Stewart, David C. Smith, le Dr John Tickel, le professeur Graeme Jackson, Nicole Kilpatrick, Josephine et Rick, Glen Fraser, Tony Rich, le Dr Michael Walsh, Angus Woodhead, Fiona Hedger, Gary Crick, Anthony Gorman, Brian Tracy, Jenny Cooper, Ivor Ashfield, Trevor Velt, Jo Abbott, Alan Holliday, Graeme Shiels, Shorty Tully, Kerri-Anne Kennerley, Sue Williams, Janine Good, Bert Newton, Graham Smith, Kevin Fraser, le Dr Phillip Stricker, Emma et Graham Steele et Glenda Leonard.

Des remerciements particuliers à Dorie Simmonds ainsi qu'à Ray et Ruth Pease.

# Sommaire

Certaines choses n'ont pas changé,
même en un million d'années.

# Introduction

Imaginez une soirée, une salle remplie d'invités en tout genre. Nous connaissons tous quelqu'un à qui il suffit d'une poignée de minutes, une fois au milieu de cette assemblée, pour identifier les célibataires disponibles et engager la conversation avec l'un d'entre eux. Il est rare que ces audacieux se fassent rembarrer par le sexe opposé. Ils ne s'embarrassent pas non plus, ni n'embarrassent les autres en leur débitant de navrantes banalités. Ils n'ont aucune difficulté à obtenir un rendez-vous galant et ne sont pas du genre à se languir des heures auprès du téléphone, en attendant qu'il veuille bien sonner. Comme s'ils possédaient un don particulier leur permettant de comprendre le sexe opposé et, surtout, de savoir forger avec les autres des relations durables. Alors, quel est leur secret ? Il tient en une phrase : ils ont compris le langage gestuel et son importance dans la vie amoureuse. Vous avez envie de leur ressembler ? Eh bien, avec notre aide, vous allez y parvenir.

À l'âge de onze ans, j'ai commencé ma carrière commerciale par du porte-à-porte : je vendais des éponges en caoutchouc-mousse après l'école, pour me faire un peu d'argent de poche. J'ai rapidement appris à lire le langage gestuel et à l'utiliser pour deviner si la personne qui m'ouvrait allait ou non se laisser convaincre. J'ai réussi ma carrière de businessman, mais mes compétences se sont aussi révélées sacrément efficaces pour rencontrer des filles en discothèque : je parvenais presque toujours à deviner laquelle allait accepter mon invitation à danser, et quelle autre refuserait. Avec les années, la compréhension du langage gestuel a joué dans ma vie amoureuse un rôle inestimable et m'a aidé à construire une relation durable. C'est ce que je vous propose de découvrir à votre tour. Car, à moins d'avoir toujours su déchiffrer le langage du corps, ou d'avoir appris à le faire, il est probable que vous n'en avez jusqu'à présent qu'une connaissance très restreinte. L'avantage des techniques que ce livre va vous enseigner, c'est que vous pourrez les appliquer dans tous les domaines de votre vie amoureuse : pour faire en sorte d'être plus attirant(e) vis-à-vis du sexe opposé, pour savoir à qui vous plaisez, préparer un rendez-vous galant ou, bien sûr, construire avec l'autre une relation à long terme.

**ALLAN PEASE**

Le langage du corps est une composante essentielle de la séduction : il révèle en effet à quel point nous sommes disponibles, attirants, déterminés, enthousiastes, sexy… ou désespérés. Bien sûr, certains signaux de séduction sont très étudiés et délibérés, mais les autres, dans leur majorité, nous demeurent parfaitement inconscients. On ne sait pas encore expliquer complètement la façon dont ces signaux nous parviennent, mais la science est aujourd'hui capable de prouver que la plupart d'entre eux sont probablement innés. Ils représentent également une dimension fondamentale de la construction et de l'entretien d'une relation amoureuse, car ils nous permettent de développer l'harmonie et la sensibilité dont nous avons besoin pour nous rendre mutuellement heureux. Chacun peut apprendre à décrypter ces signaux. C'est le sujet de ce livre.

Quand vient le moment de se choisir un partenaire et d'engager une relation, la plupart des espèces animales ne se posent pas mille questions. En général, la femelle entre en chaleur, le mâle vient s'accoupler et c'est fini. Les humains, eux, sont fort peu nombreux à réussir l'épreuve du choix de leur partenaire, et ils sont encore plus rares à comprendre vraiment le processus qui se met alors en place.

---

**L'espèce humaine est la seule à ne rien comprendre au jeu amoureux.**

---

Nous sommes aujourd'hui confrontés à un contexte amoureux que nos ancêtres n'ont jamais connu. Il nous est désormais possible de rencontrer de nouveaux partenaires sur des sites Internet spécialisés, d'expérimenter le speed-dating, d'optimiser notre apparence avec l'aide des cosmétiques ou de la chirurgie esthétique, de nous marier et de nous remarier autant de fois que nous le voulons. Pourtant, malgré cette multiplicité d'opportunités et d'espaces proposant de l'amour, le monde est en proie à une épidémie de célibat. On estime que, d'ici 2020, le quart de la population féminine du monde occidental vivra seule, et ce de manière permanente. Dans la plupart des pays, les taux de divorce avoisinent les 50 %. Il est clair que la séduction et l'amour sont encore les domaines du comportement humain les moins bien compris : notre impuissance à comprendre et à interpréter nos langages corporels respectifs est au cœur du problème.

***Le Langage gestuel de l'amour*** répondra aux questions les plus déroutantes que vous vous êtes toujours posées sur le sexe opposé. Il changera à jamais votre comportement. Vous aurez l'impression d'avoir jusqu'ici vécu dans une pièce plongée dans les ténèbres ; vous pouviez en effleurer les meubles, les tentures, la porte, mais vous n'aviez jamais vu clairement à quoi cet endroit ressemblait. Lire ce livre, c'est une façon d'allumer la lumière pour voir ce qui a toujours été là mais restait invisible à vos yeux. Vous saurez alors précisément de quoi est fait cet invisible, où il se terrait et comment il convient de l'appréhender. Votre vie amoureuse, et vous-même, ne s'en porteront que mieux !

**BARBARA PEASE**

# Comprendre le jeu amoureux : pourquoi les femmes fixent des règles… que les hommes n'ont même pas lues

1. Un homme et une femme approchent l'un de l'autre sur une plage.

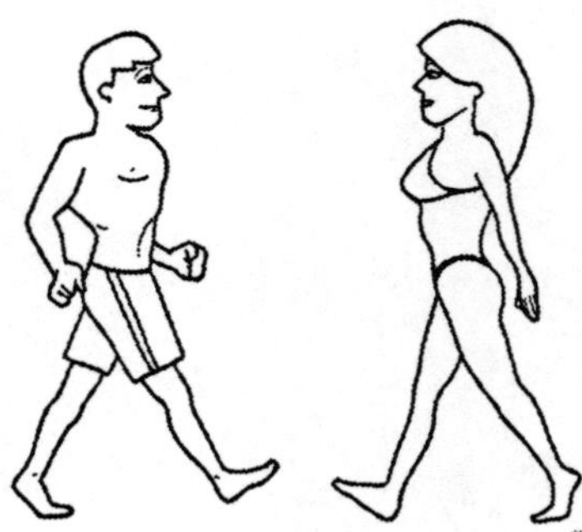

2. Ils se voient.

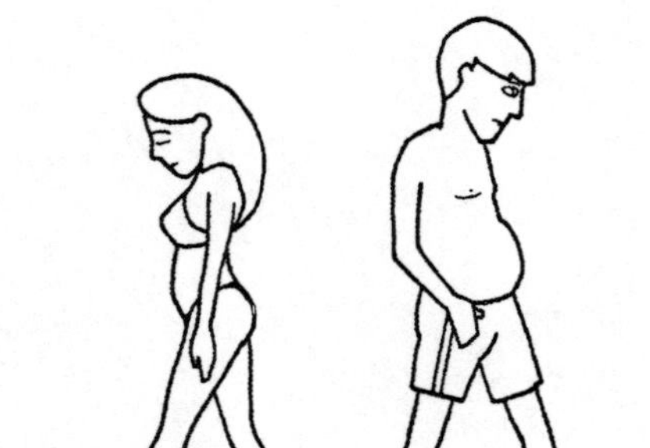

3. Ils se croisent.

## Pour votre corps, le jeu amoureux a déjà commencé

Lorsque nous rencontrons quelqu'un pour la première fois, nous émettons divers jugements rapides touchant à sa cordialité, à sa nature dominante (ou non) et à son potentiel en tant que partenaire sexuel. En fait, il nous faut moins de quatre minutes pour nous forger près de 90 % de notre opinion quant à sa disponibilité et à sa conformité. Et ce ne sont pas ses yeux que nous regardons en premier.

Le Dr Alfred Scheflen, spécialiste du langage gestuel, a constaté que lorsqu'une personne entrait en présence du sexe opposé, il se produisait chez elle certaines modifications physiologiques inconscientes. D'abord, l'élévation flagrante du tonus musculaire, en prélude à une possible rencontre sexuelle ; l'estomac se tend ; le corps adopte une posture érigée et une allure plus juvénile. L'homme lance sa mâchoire en avant et bombe le torse afin de paraître plus dominant. La femme intéressée va mettre sa poitrine en valeur, incliner la tête, se toucher les cheveux, dévoiler ses poignets et, de la sorte, apparaître soumise.

L'endroit idéal pour en faire l'observation est la plage, lorsqu'un homme et une femme s'approchent l'un de l'autre. Les modifications se produisent quand ils sont assez proches l'un de l'autre pour établir un contact visuel. Elles vont se poursuivre après qu'ils se sont croisés. Que vous en soyez conscient(e) ou non, votre corps exprime votre conformité en tant que partenaire sexuel(le). Il connaît exactement, lui, les règles du jeu amoureux. Alors, si vous voulez attirer le sexe opposé, il faut **laisser parler votre corps.**

> Vous n'en êtes pas conscient(e), mais votre corps réagit au sexe opposé afin de vous rendre plus attirant(e).

## Ainsi font les oiseaux, ainsi font les abeilles… et vous aussi

Mâles ou femelles, les animaux recourent à un ensemble de gestes nuptiaux complexes, dont la plupart se déploient inconsciemment. Par exemple, chez certaines espèces d'oiseaux, le mâle se pavane autour de la femelle en faisant étalage de ses capacités vocales ; il dresse ses plumes et exécute divers mouvements corporels afin d'attirer son attention. Parallèlement, la femelle lui témoigne peu ou pas du tout d'intérêt. Nous autres humains aimons sans doute à nous croire l'espèce la plus sophistiquée du règne animal, mais notre rituel nuptial est en réalité très similaire à ceux que l'on peut rencontrer dans la nature : la séduction humaine fait intervenir des séquences gestuelles et expressives qui ne diffèrent en rien des danses nuptiales de certains animaux sauvages telles qu'on peut les admirer dans les documentaires télévisés.

En vérité, lorsque nous désirons attirer le sexe opposé, nous nous évertuons à **souligner nos différences sexuelles.** *A contrario*, pour décourager le sexe opposé, nous minimisons ou dissimulons ces différences.

Mettre en valeur sa différence sexuelle,
c'est ça qui rend « sexy ».

## Et maintenant, admirez le travail d'un maître

*La plupart des hommes se damneraient pour posséder le don que Graham a développé. Plongez-le dans une assemblée quelle qu'elle soit : Graham, très rapidement, va repérer les femmes disponibles puis faire son choix et, dans un délai quasiment record, vous le verrez se diriger vers la sortie avec celle qu'il aura choisie, la conduire jusqu'à sa voiture et la raccompagner à son appartement. C'est comme si Graham était équipé d'un radar intégré lui permettant de détecter les femmes disponibles et de les convaincre de le suivre. Personne ne sait comment il s'y prend. Sauf nous…*

La technique de Graham revient d'abord à identifier les femmes dont le langage corporel indique qu'elles sont disponibles, puis à leur répondre au moyen de la gestuelle nuptiale masculine qui lui est propre. Les femmes intéressées lui renvoient alors les signaux féminins correspondants ; elles lui adressent ainsi le feu vert non verbal lui permettant de passer à la deuxième étape. La femme le décrira, à ce stade, comme quelqu'un de « sexy », de « drôle », qui l'incite à se « sentir féminine » : c'est la façon naturelle dont les femmes réagissent à l'attention constante qu'il leur porte et aux signaux nuptiaux qu'il utilise. Les hommes, eux, voient plutôt en lui un type louche, arrogant et insistant. Il faut avouer qu'il leur fait une rude concurrence.

Pour gagner au jeu amoureux,
il faut se convertir au langage gestuel
et en connaître les signaux.

## Pourquoi ce sont les femmes qui mènent la danse… et choisissent la musique

Prenez n'importe quel homme et demandez-lui qui fait généralement le premier pas lors du processus de séduction. Invariablement, il vous répondra que c'est l'homme. Or, toutes les études consacrées au sujet révèlent que, dans 90 % des cas, l'initiative revient aux femmes : elles procèdent par l'intermédiaire de subtils signaux visuels, corporels et faciaux. S'il est assez intuitif pour les percevoir, l'homme y répondra. Bien sûr, certains hommes abordent les femmes, dans les bars ou en boîte, sans avoir reçu d'elles le moindre feu vert, mais leur taux de réussite global est faible, car ils n'y ont pas été **invités**. Ils s'en remettent en somme à la théorie des probabilités. Or, pour gagner de cette manière – en s'appuyant sur la chance statistique –, il faut approcher un grand nombre de femmes avant d'espérer « conclure » – à moins, bien sûr, de ressembler à Brad Pitt.

---

Au jeu de la séduction, ce sont souvent les femmes qui choisissent le disque – et les hommes qui dansent.

---

Le langage gestuel de l'amour

**Règle n° 1**

Tout homme traversant une pièce pour aller parler à une femme agit généralement à la demande de celle-ci, après avoir perçu les signaux gestuels qu'elle lui a envoyés. Il se met en mouvement, mais ce n'est pas pour autant qu'il fait le premier pas.

## Le langage gestuel de l'amour chez les femmes

Le succès amoureux rencontré par certaines femmes dépend de leur aptitude à envoyer aux hommes des signaux de séduction et à décrypter ceux qui leur reviennent. Les difficultés des femmes à trouver des partenaires ne s'expliquent pas par un déchiffrage erroné de ces signaux, mais par leur volonté de mettre la main sur des hommes conformes aux critères qu'elles ont déterminés.

## Le langage gestuel de l'amour chez les hommes

La réussite amoureuse d'un homme dépend essentiellement de son aptitude à lire les signaux qui lui sont envoyés, et non de sa capacité à entreprendre de lui-même telle ou telle initiative. La plupart des femmes savent reconnaître les signaux de séduction. Les hommes, eux, sont nettement moins perspicaces et même souvent parfaitement aveugles. C'est pourquoi tant d'hommes ont du mal à dénicher de possibles partenaires.

## Pourquoi les hommes explosent en vol quand ils s'approchent d'une femme...

La plupart des hommes peinent à interpréter les signaux plus subtils du langage gestuel féminin. Certaines études ont montré que les hommes tendaient à confondre cordialité et sourire d'un côté, intérêt sexuel de l'autre. Il y a une raison à cela : les hommes ont une vision du monde plus « sexuelle » que les femmes ; l'homme affiche un taux de testostérone dix à vingt fois plus élevé que celui de la femme, ce qui peut le conduire à porter un regard « sexuel » sur tout ce qui l'entoure. Au risque d'interpréter de travers les premières marques d'intérêt adressées par une femme dans un bar ou une discothèque : il lui fera alors des avances incongrues qui seront naturellement rejetées. Sa traversée du dancefloor pour rejoindre ses amis tiendra alors du chemin de croix.

Pour certains hommes, quand une dame dit « non », elle veut dire « peut-être » ; quand elle dit « peut-être », elle veut dire « oui » ; mais si elle dit « oui », ce n'est pas une dame.

## … et pourquoi certaines femmes ne sont jamais approchées du tout

Quand elles rencontrent un partenaire potentiel, les femmes lui adressent des signaux subtils mais souvent trompeurs, afin de vérifier s'il vaut la peine de poursuivre la parade. Ainsi les femmes tendent-elles à bombarder les hommes de rituels nuptiaux dès les premières minutes de leur rencontre. Recevoir des signaux désordonnés et ambigus à un stade aussi précoce pousse les hommes à montrer leur jeu. C'est l'une des raisons pour lesquelles beaucoup de femmes ont du mal à attirer les hommes : en proie à une certaine confusion, et de peur d'être rejeté, l'homme, alors, n'ose pas tenter une approche – même si la femme l'intéresse.

Un homme ne tentera pas d'approche à moins que la femme ne lui ait adressé des signaux clairs et significatifs, et qu'il soit presque certain que sa démarche ne sera pas rejetée. Voilà pourquoi de nombreuses femmes jolies et seules se désolent de n'être jamais draguées.

Pour maîtriser toutes les subtilités
de la séduction, les femmes doivent apprendre à
envoyer les signaux gestuels appropriés.
Les hommes, eux, doivent apprendre
à les interpréter correctement.

# Les secrets du jeu amoureux : maîtriser l'art et les signaux de la séduction

MERCI POUR LE HORS-D'ŒUVRE, MEC. MAINTENANT, DÉBALLE-NOUS POPAUL.

# Le processus d'attraction

La séduction humaine propose un itinéraire composé de cinq étapes incontournables : chacun de nous doit les emprunter lorsqu'il rencontre une personne attirante.

## 1. Le contact visuel

Ses yeux perçants explorent la pièce, elle aperçoit un homme qui lui plaît. Elle attend qu'il la remarque et alors soutient son regard pendant près de cinq secondes. Puis elle regarde ailleurs. Il continue à l'observer au cas où elle se retournerait vers lui. En moyenne, une femme doit lancer trois regards avant qu'un homme soit capable de réaliser ce qu'il est en train de se passer. C'est le début du processus de flirt.

## 2. Le sourire

Elle prodigue un sourire fugace, ou davantage. Ce bref demi-sourire vise à donner à l'homme convoité le feu vert dont il a besoin pour entamer son approche. Malheureusement, bien des hommes ne répondent pas à ces signaux, laissant la femme imaginer qu'ils ne sont pas intéressés.

## 3. La parade

Elle joue avec ses cheveux pendant deux à six secondes, suggérant ainsi qu'elle se prépare à une rencontre nuptiale. Elle peut aussi se passer la langue sur les lèvres, rejeter sa chevelure en arrière, ajuster sa tenue ou ses bijoux. De son côté, il répond en se redressant, en rentrant son ventre, en bombant le torse, en ajustant lui aussi ses vêtements, en se passant la main dans les cheveux et en glissant les pouces dans son ceinturon ou son pantalon. Ensemble, ils pointent leurs pieds ou leur corps l'un vers l'autre.

## 4. La parole

Il s'approche et tente d'engager la conversation, au moyen de clichés et de banalités censés briser la glace : « On ne s'est pas déjà vus quelque part ? »

## 5. Le toucher

Elle cherche une occasion d'initier un léger frôlement du bras masculin, « accidentellement » ou d'une autre manière. Toucher la main trahit un degré d'intimité plus important qu'un simple frôlement de bras. Elle reprend sa progression en empruntant de nouveau chaque degré de l'échelle tactile afin de s'assurer que l'homme apprécie cette intimité et pour lui indiquer que le premier contact n'était pas accidentel. Un léger époussetage de l'épaule masculine, ou son effleurement rapide, invite l'homme à penser que la femme se soucie de son apparence ou de son bien-être. La façon la plus directe d'initier cette phase tactile est la poignée de main.

Ces cinq étapes inaugurales du processus de séduction peuvent paraître anecdotiques, voire dérisoires, mais elles sont essentielles au démarrage de toute nouvelle relation. Comme nous avons pu le voir, elles recoupent aussi les situations qui posent problème à la majorité des hommes. Si les femmes veulent être approchées par les hommes, il leur faut délivrer des messages clairs, dénués d'ambiguïté. Quant aux hommes, il leur suffit d'apprendre à traduire ces messages et à y répondre.

## Les cinq feux verts que tout homme doit savoir reconnaître

Pour l'essentiel, la réussite d'un homme au jeu amoureux dépend de la façon dont il parvient à reconnaître les signaux féminins et à y répondre. C'est pourquoi il lui sera très profitable d'apprendre à décoder les éléments de gestuelle les plus communément utilisés de la séduction féminine. En général, quand une femme est intéressée par un homme, elle va se servir de quelques **gestes de parade élémentaires** : elle se touche les cheveux ou lisse ses vêtements. Elle peut aussi placer une ou deux mains sur ses hanches, pointer le pied ou le corps dans la direction de l'homme et accentuer le contact visuel. Voici un aperçu des gestes et signaux les plus courants dont se servent les femmes, où qu'elles soient, pour signifier à un homme leur disponibilité. Célibataires mâles qui rencontrez des difficultés à dénicher des femmes disponibles, le moment est venu de prendre des notes…

## 1. Elle rejette sa chevelure en arrière

En principe, il s'agit de la première gestuelle ostensible exécutée par une femme quand elle se trouve en présence d'un homme qui lui plaît : la tête est penchée en arrière pour rejeter les cheveux par-dessus les épaules ou les dégager du visage – même en cas de coupe courte. C'est un moyen, pour la femme, d'exprimer avec subtilité que la façon dont elle apparaît à l'homme ne lui est pas indifférente. Le geste a aussi l'avantage d'exposer ses aisselles, permettant au « parfum sexuel » appelé phéromone de se diffuser en direction de l'homme convoité.

> La parade capillaire permet aux phéromones des aisselles d'exercer leur pouvoir magique.

## 2. Elle caresse un objet cylindrique

Elle caresse l'un de ses doigts, le pied d'un verre de vin, une boucle d'oreille oblongue, une cigarette ou tout autre objet de forme phallique… Autant d'indications inconscientes de ce qu'une femme peut avoir en tête. Ôter une bague de son doigt et la replacer de façon répétitive tient également de la représentation mentale du rapport sexuel. Lorsqu'une femme effectue ce genre de geste, l'homme peut y répondre par une tentative symbolique de possession : en caressant le briquet, les clés de voiture ou tout autre objet personnel se trouvant auprès d'elle. Si une femme exécute au moins l'un des gestes ci-dessus et regarde directement et avec insistance dans votre direction, vous pouvez sans risque vous sentir autorisé à vous approcher.

Le pied du verre de vin suggère que bien des choses peuvent encore survenir.

## 3. Elle se touche

L'esprit conduit le corps à exprimer nos désirs secrets. Notamment par **l'autopalpation**. Les femmes possèdent beaucoup plus de capteurs nerveux dédiés au toucher que les hommes. Elles sont en conséquence plus réceptives aux sensations tactiles. Quand une femme promène lentement et sensuellement une main sur sa cuisse, sa nuque ou sa gorge, l'homme peut légitimement en déduire que, s'il sait saisir sa chance, il pourrait être amené à la toucher bientôt d'une façon similaire. En même temps, cette autopalpation permet à la femme d'imaginer ce qu'elle ressentirait si c'était l'homme qui en prenait l'initiative. La gestuelle peut également s'accompagner d'un lent mouvement de croisement et de décroisement des jambes.

## 4. Elle pointe le genou et balance du pied

Une jambe glissée sous l'autre pointe en direction de la personne qu'elle considère comme la plus intéressante de l'assemblée. C'est une posture relâchée qui allège la conversation de son formalisme et autorise un fugitif dévoilement des cuisses.

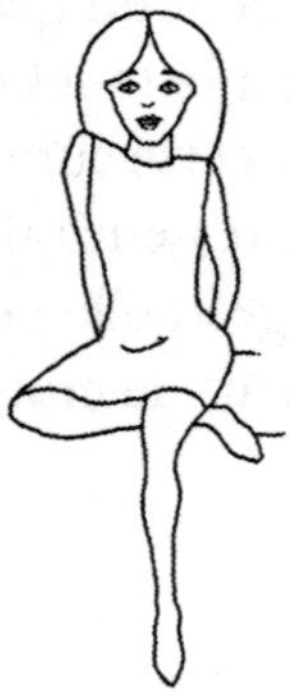

Genou tendu vers la personne la plus intéressante.

Le balancement de la chaussure au bout du pied trahit également une attitude décontractée et présente le caractère phallique du va-et-vient du pied dans le soulier. Ce geste déstabilise beaucoup d'hommes qui ne savent pas comment l'interpréter.

La chaussure donne un indice.

### 5. Elle sert son visage sur un plateau

Ce geste de séduction est utilisé par les femmes qui désirent attirer l'attention d'un homme. La femme place les mains l'une au-dessus de l'autre et présente à l'homme son visage, comme sur un plateau, afin qu'il l'admire.

Visage offert à l'admiration masculine.

## Conseil

Si vous êtes un homme et que vous vous apprêtez à vous montrer flatteur (sincèrement ou non), ce geste est le feu vert qui vous y invite.

# Les autres invitations que tout homme doit mémoriser

## 1. Le sac à main à proximité

Le sac à main d'une femme est un objet personnel qu'elle traite pratiquement comme une extension de son propre corps. Lorsqu'elle le pose à proximité d'un homme, il faut y voir une importante marque d'intérêt. Et si elle trouve cet homme particulièrement séduisant, il se peut aussi qu'elle commence à frôler et à caresser lentement ledit sac à main.

## 2. Le poignet ballant

Marcher ou s'asseoir en laissant un poignet ballant est un signal de soumission et un puissant capteur d'attention. Les hommes sont très attirés, car ils croient voir dans cet abandon un appel à la domination.

## 3. Les poignets exposés

Une femme intéressée dévoilera progressivement au potentiel partenaire masculin la face cachée de ses poignets, dont la peau est aussi douce que tendre. Elle le fera de plus en plus souvent à mesure que s'élèvera son intérêt. En raison de son extrême délicatesse, la zone du poignet a longtemps été considérée comme l'une des plus érotiques du corps féminin.

**4. Le regard en coin par-dessus l'épaule légèrement haussée**

Le haussement d'épaules, ici, sert à rappeler la rotondité de la poitrine féminine. Les paupières partiellement baissées, la femme soutient le regard de l'homme juste assez longtemps pour lui permettre de la remarquer, puis détourne brusquement les yeux. Cette action produit chez la femme qui l'exécute une sensation de voyeurisme, et chez l'homme qui en est la cible l'impression d'être observé.

## Comment capter l'attention d'un homme

Quand deux personnes éloignées se rapprochent, elles s'adressent mutuellement un regard rapide qui balaie la zone séparant le visage du bas du corps. Ce coup d'œil liminaire sert à déterminer le sexe de l'un et de l'autre. Il est bientôt suivi d'un deuxième coup d'œil, visant à déterminer le degré d'intérêt que se portent les deux inconnus, et qu'on nomme **regard intime**. Hommes et femmes y recourent pour manifester leur intérêt respectif. Le regard intime exécuté par les hommes saute aux yeux des femmes, si l'on peut dire. Inversement, les hommes ont rarement conscience d'avoir été les destinataires d'une comparable œillade – à la grande frustration de celle qui l'aura émise. Explication : les femmes disposent d'une vision périphérique plus ample que les hommes.

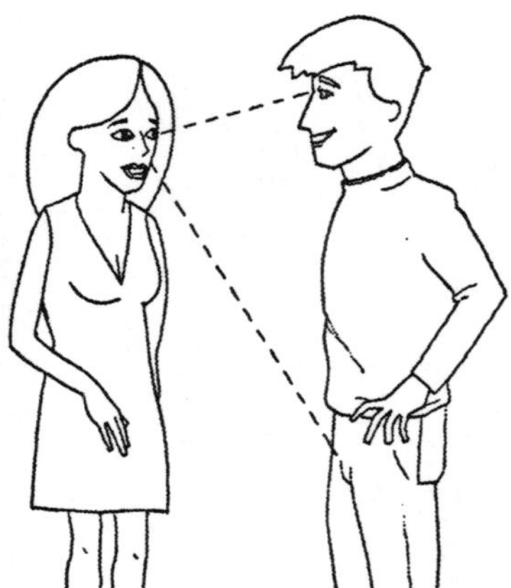

La meilleure vision périphérique des femmes leur assure l'impunité, alors que le champ visuel des hommes, plus étriqué, les condamne à se faire toujours pincer.

## Conseil

La plupart des hommes ne sont pas équipés pour capter le premier signal visuel envoyé par la femme. Elle doit donc, en général, s'y reprendre à trois fois avant que son appel soit perçu par le mâle moyen, le répéter quatre fois pour les hommes vraiment lents à la détente et même à cinq reprises, voire plus souvent encore, dans le cas d'individus à compréhension (très) réduite. Quand elle réussit finalement à capter la virile attention, la femme peut recourir à une version abrégée du sourcil flasheur – un subtil élargissement des yeux qui confirme au monsieur que le signal lui était bien destiné. Elle ne devra pas exclure, toutefois, la nécessité de passer tôt ou tard à une approche verbale en face à face (du genre « Eh, toi, tu sais que tu me plais ? »), avec les spécimens un peu longs à la détente.

Malgré les unanimes dénégations, des études en caméra cachée ont révélé que tout le monde pratiquait le regard intime – y compris les nonnes et les moniales.

## Les trois feux rouges devant lesquels tout homme doit apprendre à s'arrêter

*Fred contempla la pièce. Son regard croisa celui d'une séduisante brune. Elle avait l'air de lui sourire et comme il n'était pas spécialement malcomprenant, il traversa rapidement la salle pour aller lui parler. Elle n'était pas très loquace, mais comme elle continuait à lui sourire, il persévéra. C'est alors que passa devant lui l'une de ses amies qui lui murmura à l'oreille « Oublie-la, Fred... Elle te trouve bête à manger du foin ». Fred en resta stupéfait, d'autant plus que la fille continuait à lui sourire ! Comme la plupart des hommes, il n'avait pas compris la signification négative du sourire-féminin-lèvres-pincées-qui-cache-les-dents.*

C'est par crainte d'un rejet humiliant que de très nombreux hommes justifient la rareté de leurs initiatives auprès des femmes. Ils auront donc tout intérêt à apprendre à repérer les gestes sans appel dont se servent celles-ci quand elles veulent signifier clairement leur désintérêt.

## 1. Elle sourit lèvres pincées

Hermétiquement étirées de part et d'autre du visage, les lèvres forment ainsi une ligne droite qui scelle et cache les dents. Le message envoyé, c'est que l'auteur du sourire dissimule un secret, une opinion ou un comportement qu'il n'a pas l'intention de partager avec vous. Le procédé est souvent utilisé par les femmes ne souhaitant pas formuler explicitement leur antipathie envers l'homme avec lequel elles sont en train de parler. Les autres femmes y décèlent en général immédiatement un signal de rejet, alors que la plupart des hommes n'en sont pas du tout conscients.

## 2. Elle croise les bras

S'abriter derrière un rempart est une réaction naturelle que nous assimilons dès notre plus jeune âge : lorsque nous nous trouvions, enfants, en situation de danger, nous courions nous cacher derrière des choses solides, comme un meuble ou la jupe de notre mère. Avec l'âge, cette manœuvre de dissimulation a gagné en sophistication. Devenus adultes, nous replions désormais un ou deux bras en travers de notre torse en une tentative inconsciente de repousser ce que nous percevons comme menaçant ou indésirable. On remarque moins l'usage que font les femmes de ce rempart des bras, parce qu'elles peuvent également se retrancher « derrière » des objets manipulables comme leur sac à main ou leur porte-monnaie.

Le sac à main sert à signifier à l'homme que sa propriétaire n'est pas intéressée – l'homme peut alors passer à autre chose en préservant sa dignité.

Lorsqu'elles se trouvent en présence d'hommes à leur goût, les femmes tendent à garder les bras ouverts. Confrontées à des hommes agressifs ou peu séduisants, elles auront tendance à replier les bras sur leur poitrine.

## 3. Elle recule

Se rapprocher, voire pénétrer la **zone d'intimité** du sexe opposé est une façon de manifester de l'intérêt à une personne. On appelle communément cette manœuvre une « avance ». Si l'avance dans la zone d'intimité est rejetée, la personne ciblée aura tendance à reculer, comme pour revendiquer l'espace qui lui est nécessaire.

Homme envahisseur d'espace contraignant une femme à reculer pour défendre son espace

L'illustration ci-dessus montre la réaction négative d'une femme confrontée à l'empiétement d'un homme sur son territoire. Elle recule, tente de conserver une distance confortable. C'est un signal adressé à l'homme pour qu'il s'éloigne ou adopte une stratégie alternative.

## Le langage gestuel de l'amour chez les femmes

Assises, les femmes portant des jupes courtes gardent leurs jambes étroitement serrées, par protection. Ce faisant, elles donnent toutefois l'impression d'être moins faciles à approcher. Elles seront ainsi moins souvent invitées à danser, par exemple, si elles se trouvent en discothèque. Les hommes aiment voir les jambes des femmes ; il vous faut alors choisir des vêtements dans lesquels vous vous sentirez à l'aise et qui ne restreindront pas votre langage gestuel.

> La minijupe peut donner d'une femme l'impression qu'elle ne veut pas être approchée.

## Le langage gestuel de l'amour chez les hommes

Les tests ont montré que les femmes craignent les attaques de dos. Elles restent donc sur leurs gardes vis-à-vis de toute approche par l'arrière. C'est pourquoi, si vous êtes un mâle, mieux vaut aborder de front la femme qui vous intéresse, et in fine vous orienter à 45 degrés : cette position contribuera à instaurer une situation harmonieuse et évitera le caractère potentiellement conflictuel d'une confrontation en face à face.

## Les trois feux verts que toute femme doit savoir reconnaître

Si vous êtes une femme, vous serez probablement déçue par notre inventaire des signaux de séduction masculins car ils ne sont pas si nombreux. À l'instar de la plupart des animaux mâles, le mâle humain adopte une attitude de parade lorsque surgit un partenaire potentiel. Il va alors resserrer sa cravate, lisser son col de chemise, chasser de son épaule une poussière imaginaire, jouer avec ses boutons de manchette ou sa montre, rajuster sa chemise ou d'autres éléments de sa tenue. Mais, en matière de rituels de séduction, la plupart des hommes sont aussi efficaces qu'un individu planté au milieu d'une rivière et tentant d'attraper des poissons en les assommant avec un gros bâton. Pour ferrer leur proie, les femmes ont à leur disposition plus d'appâts et de connaissances de la pêche qu'aucun homme ne pourra jamais espérer en acquérir.

> L'exhibition de la puissance sociale et du statut fait partie de la parade masculine. Les hommes excellent à faire vrombir le moteur de leur voiture, à plastronner au sujet de leurs revenus et à défier les autres mâles.

D'une manière générale, les hommes ne sont pas très doués pour envoyer les signaux requis par le jeu amoureux. Les femmes, elles, comme nous l'avons mentionné plus haut, non seulement maîtrisent le jeu, mais en fixent les règles. Du coup, les hommes se contentent de réagir aux signaux qu'ils parviennent à percevoir. Puisqu'elles sont plus expertes dans la lecture du langage gestuel, la plupart des femmes n'ont guère de mal à identifier les hommes qu'elles intéressent. Voici en tout cas quelques détails parmi les plus révélateurs de l'intérêt masculin.

## 1. Il exhibe ses pouces

Les pouces signalent la supériorité. En chiromancie, ils symbolisent même la force de caractère et l'ego. Les signaux corporels impliquant les pouces traduisent également les attitudes assurées et confiantes : les pouces servent à exprimer la domination et l'affirmation de soi. Ainsi, un homme mettra ses **pouces en avant** lorsqu'il se trouvera en présence de femmes qui lui plaisent. Les montreurs de pouce se hissent aussi souvent sur la pointe de leurs pieds pour avoir l'air plus grands. Les pouces dépassent parfois des poches-revolver, comme si la personne essayait de dissimuler sa nature dominante.

Les montreurs de pouce tentent souvent de dissimuler leur attitude confiante et directive, mais l'intérêt qu'ils ressentent est clairement visible.

## 2. Il présente son entrejambe

Le présentateur d'entrejambe plante ses deux pieds au sol, fermement. Il exprime ainsi clairement qu'il n'a pas l'intention de s'éclipser. La posture met en valeur la région génitale ; elle a donc toutes les apparences du style « macho ». L'homme peut aussi tourner son corps vers la femme désirée, pointer le pied dans sa direction et soutenir son regard plus longtemps qu'à l'accoutumée. Quand il est assis ou adossé à un mur, il peut plus explicitement encore écarter les jambes afin de souligner d'autant mieux la zone concernée. Les singes et les chimpanzés sont coutumiers du fait.

La présentation de l'entrejambe ou la mise en scène de la virilité.

Les machos et les durs tendent plus que les autres à présenter leur entrejambe.

## 3. La position du cow-boy

Les pouces glissés dans la ceinture ou dans les poches permettent d'encadrer la région génitale. C'est un signal utilisé par les hommes pour exprimer une attitude sexuellement conquérante. On l'appelle également, avec humour, la posture de **l'homme aux longs pouces** : les bras adoptent une position de disponibilité (ils sont prêts à agir) et les mains servent d'indicateurs centraux, soulignant l'entrejambe. Les hommes se servent de cette gestuelle pour marquer leur territoire ou montrer aux autres mâles qu'ils ne les redoutent pas. Les grands singes l'utilisent eux aussi, mais sans ceinture ni pantalon. La posture proclame à l'entourage : « Je suis viril – je peux dominer. » C'est pourquoi elle revient souvent chez les hommes en chasse. Un homme qui parle à une femme dans cette position – les pupilles dilatées et un pied pointé dans sa direction – sera aisément identifié pour ce qu'il est. En révélant les intentions masculines cachées, cette gestuelle vend immédiatement la mèche aux femmes convoitées.

Cow-boy en position, les doigts pointés vers ce qu'il veut vous faire remarquer.

Il attaque fort – pied en avant, jambes écartées, entrejambe présenté et bras légèrement déployés afin d'élargir son volume naturel et d'occuper plus d'espace. Hélas pour lui, elle utilise le langage corporel féminin caractéristique du « c'est sans espoir » : jambes jointes, corps qui se détourne, bras croisés, réduisant au maximum l'espace qu'elle occupe. Il rentrera chez lui tout seul.

Le langage gestuel de l'amour
**Règle n° 2**

C'est au milieu de leur cycle menstruel, au moment de l'ovulation qui conditionne la fécondation, que les femmes sont les plus sexuellement actives. Au cours de cette période, elles auront tendance à porter des robes plus courtes et des talons plus hauts pour marcher, parler, danser, agir de façon plus provocante, et envoyer à qui de droit les signaux évoqués dans ce chapitre.

## Le langage gestuel de l'amour chez les femmes

Pour évaluer le degré d'intérêt que lui porte un homme, la femme va s'introduire dans sa zone d'intimité puis s'en retirer. S'il est intéressé, il reçoit ainsi l'autorisation d'empiéter dans sa zone d'intimité à elle dès qu'il s'y sentira prêt. Une fois encore, c'est la femme qui tire les ficelles du jeu de la séduction.

## Le langage gestuel de l'amour chez les hommes

Partout, les femmes s'en désolent : elles sont en train de bavarder tranquillement avec un homme quand soudain celui-ci, sans raison apparente, entreprend de se rajuster, voire de se palper l'entrejambe. Ceci sous-entend que ses organes virils sont si larges et volumineux qu'ils requièrent une attention constante pour n'être pas privés de circulation sanguine… La plupart des femmes s'imaginent mal aller se gratter l'entrecuisse en public, pour quelque raison que ce soit ; elles sont donc à juste titre effarées de voir les hommes se livrer à ce genre d'exercice, qui plus est avec autant de nonchalance – et si souvent. Elles sont d'autant plus horrifiées quand l'homme leur tend un verre de la main même qui vient de procéder à ces divers ajustements – et salue même dans la foulée telle ou telle connaissance d'une cordiale poignée de… main. Vous l'aurez compris : les hommes devraient éviter tout réaménagement intime en compagnie féminine.

> L'ajustement d'entrejambe est l'un des principaux extincteurs de désir féminin.

# Comment se rendre plus attirant pour l'autre sexe : améliorez votre cote d'amour grâce au langage gestuel

Fred a un succès fou. Il est le seul homme du camp naturiste capable de transporter quatre cafés et dix beignets.

## Valoriser et optimiser son apparence

Qu'on le veuille ou non, l'apparence conditionne la capacité à attirer et à garder un partenaire. Les gens que nous rencontrons forgent jusqu'à 90 % de leur opinion à notre sujet dans les quatre premières minutes ; notre attractivité physique, elle, sera évaluée en moins de dix secondes. Cela ne veut pas dire que si l'on ne ressemble ni à Brad Pitt ni à Angelina Jolie on est incapable de se débrouiller avec le sexe opposé. Mais en comprenant le fonctionnement du processus d'attraction, puis en appliquant certaines stratégies simples pour qu'il tourne à votre avantage, vous pourrez facilement devenir beaucoup plus séduisant(e).

Au niveau de l'inconscient, les signaux traditionnels propres à chacun des genres biologiques continuent d'opérer, et nous ne pouvons toujours pas nous empêcher d'y répondre. Les cerveaux masculins et féminins sont fondamentalement conçus pour être attirés par les individus affichant les **aptitudes reproductrices** les meilleures et les plus vigoureuses, ainsi que leur **disponibilité sexuelle**. La bonne nouvelle, c'est que vous n'avez pas besoin d'être naturellement ou artificiellement beau pour attirer le sexe opposé.

La valorisation de vos différences sexuelles
et de votre disponibilité
vous rendra plus attirant(e) vis-à-vis
du sexe opposé.

Plusieurs études démontrent qu'à des partenaires plus beaux, nous préférons des compagnons peu ou prou aussi séduisants que nous. Des partenaires plus séduisants, en effet, risqueraient de se montrer volages et d'aller chercher mieux ailleurs. Pour attirer le sexe opposé, une femme doit d'abord être capable de manifester les signes de sa bonne santé et de sa disponibilité, alors qu'un homme doit mettre l'accent sur sa vitalité et sa virilité. C'est pourquoi certains hommes et certaines femmes au physique dépourvu de séduction particulière semblent assaillis de prétendants.

## Pourquoi les femmes ne doivent pas désespérer

Certaines femmes sont épouvantées devant ces hommes du XXIe siècle attirés avant tout par l'apparence et la disponibilité féminines, plutôt que par leurs qualités nourricières, communicationnelles, domestiques ou artistiques (ça ne sert donc plus à rien de savoir jouer du piano ?). Mais elles oublient une chose : il faut commencer par séduire l'homme si l'on veut qu'il puisse avoir un jour la révélation de toutes nos vertus insoupçonnées. Quand vous allez à la pêche, vous appâtez le poisson avec ce qu'il aime, lui, et non avec votre nourriture préférée. Vous avez déjà goûté un ver de terre ? Cette seule pensée vous révulse, alors que, pour un poisson, il n'y a pas de menu plus gastronomique.

Les femmes consacrent trois fois plus de temps que les hommes à leur apparence physique. Elles dépensent aussi quinze fois plus qu'eux en produits susceptibles de la préserver. De fait, les femmes qui s'y refusent perdent progressivement de leur efficacité au jeu amoureux. Il existe pourtant d'innombrables leurres visuels qui servent à attirer les hommes. Parmi eux, les ongles artificiels (pour allonger les mains), les implants mammaires (pour paraître plus jeune), les habits sombres ou à rayures verticales (pour se maigrir), la teinture blonde pour les cheveux, les talons aiguilles, le rembourrage des vêtements… Si ces stratégies marchent, c'est parce qu'elles en appellent aux préférences sexuelles profondément ancrées dans les cerveaux masculins. Ce n'est pas que *les femmes* tiennent absolument à adopter toutes ces tactiques ; c'est que *les hommes* veulent qu'elles agissent ainsi. Et ça, les femmes le savent. Souvenez-vous : vous n'avez pas besoin de ressembler à Angelina Jolie, ni de vous modeler à son image. Mais en soulignant votre différence sexuelle et en vous montrant plus disponible, vous vous rendrez plus séduisante vis-à-vis des hommes. Nous ne sommes pas ici dans le politiquement correct, c'est vrai, mais dans le biologiquement exact.

## Pourquoi les femmes doivent… rouler des hanches

La médecine a révélé qu'une femme en excellente santé et tout à fait capable de porter des enfants avait un **ratio taille-hanches** de 70 % ; autrement dit, sa taille correspond à 70 % de celle de ses hanches, ce qui lui confère une silhouette en « sablier ». Aussi loin que l'on puisse remonter dans l'histoire, le ratio corporel a toujours été le « capteur d'attention masculine » le plus efficace. Il est très simple, pour une femme, de mettre en valeur ce ratio – il lui suffit, quand elle se tient debout, de bouger le bassin en roulant des hanches.

> Rouler des hanches en se tenant debout souligne la parfaite capacité de la femme à avoir des enfants.

Une expérience scientifique a prouvé que les hommes appréciaient davantage les femmes dotées d'un tel ratio taille-hanches (70 %), même quand le poids de la femme était imposant. Autrement dit, une femme peut être physiquement plus volumineuse, mais si elle affiche ce fameux ratio, elle réussira toujours à tourner la tête aux hommes.

## Pourquoi les femmes doivent… se maquiller et porter des lentilles

Dans presque tous les pays, les grands yeux sont considérés comme attirants. Le maquillage parvient à créer cet effet en agrandissant l'œil et en reconstituant un regard enfantin. Lorsque les yeux paraissent plus grands, relativement au bas du visage, ils génèrent chez l'homme des sentiments protecteurs. Or, quand une femme trouve un homme séduisant, ses pupilles se dilatent. Le mascara, le fard et l'eyeliner contribuent à composer, de façon artificielle et permanente, cet air séduit. Cela dit, les hommes restent davantage attirés par les femmes portant un maquillage discret, d'apparence naturelle, que par celles qui semblent peinturlurées à la truelle de maçon. Les lentilles de contact, elles, donnent aux yeux féminins une illusion de scintillement et de dilatation des pupilles : on comprend mieux pourquoi certaines expériences photographiques ont révélé que les femmes portant des lentilles semblaient aux hommes « étrangement attirantes ».

Le chiffre d'affaires annuel de l'industrie des cosmétiques et produits de toilette féminins dépasse cinquante mille milliards de dollars. Son objectif : recréer artificiellement les signaux sexuels émis par le visage.

## Pourquoi les femmes doivent… porter des talons aiguilles

> Les talons aiguilles allongent les jambes d'une femme, lui font balancer les fesses et fuser les seins.

Les hommes aiment les femmes chaussées de talons aiguilles qui mettent en valeur la silhouette sexuelle, allongent les jambes, arquent le dos, les forcent à bomber les fesses et à rouler des hanches, tout en leur faisant de petits pieds. C'est pourquoi le stiletto – la chaussure au plus haut talon, avec ses lanières qui évoquent le bondage – est de loin l'accessoire sexuel le plus efficace du marché. Les hommes adorent les jambes athlétiques et bien galbées : de fait, la graisse des jambes est indicatrice d'une meilleure lactation. Mais la séduction tournera court si la femme a des jambes de footballeur professionnel. Par ailleurs, lorsqu'une femme marche, son déhanchement naturel met en valeur son bassin. Le port de talons aiguilles accentue d'autant ce subtil tortillement. Porter un jean serré attirera également l'attention sur ses fesses saillantes.

---

On a dit de Marilyn Monroe qu'elle découpait près de deux centimètres de sa chaussure gauche pour accentuer sa démarche chaloupée.

---

## Pourquoi les femmes doivent… souligner subtilement leur décolleté

L'essentiel de la poitrine féminine est constitué de tissus adipeux. C'est ce qui lui vaut sa forme ronde. Or, la plupart de ces tissus ne jouent aucun rôle dans la production du lait maternel. Les seins servent d'abord un évident dessein : la « signalisation » sexuelle. En fait, les seins simulent le postérieur de la femme, héritage de l'époque où les humains marchaient à quatre pattes. Les robes échancrées et les soutiens-gorge pigeonnants soulignent la puissance de cette signalisation en formant le décolleté. Du reste, fort heureusement, la quasi-totalité des études scientifiques consacrées au sujet ont montré que les hommes aimaient les seins en tout genre et de toutes tailles. Ce qui les stimule le plus, c'est le décolleté ; peu importe si les seins de la femme ont un volume de petits citrons ou ressemblent à des pastèques. Ainsi une femme attirée par un homme sera probablement amenée à se pencher en avant et à serrer les bras contre son corps, engendrant de la sorte une pression des seins qui en optimise l'échancrure. Pour autant, ne tombez pas dans la provocation trop ostentatoire, au risque de paraître très vulgaire.

— Une femme d'âge mûr a entre les jambes quelque chose qui fait défaut aux femmes plus jeunes.
De quoi s'agit-il ?
— De ses seins.

## Pourquoi les femmes doivent… porter du rouge à lèvres brillant

À l'occasion de l'une de nos émissions de télévision, nous avons demandé à neuf femmes de participer à une série d'entretiens menés par des intervieweurs masculins et féminins. Lors de la moitié des entretiens, chaque femme portait du rouge à lèvres. Lors de la seconde moitié, elle n'en portait pas. La consultation des intervieweurs, après les entretiens, fut édifiante : les femmes aux lèvres fardées et dont le pourtour de la bouche se trouvait ainsi agrandi ont été jugées plus attentives à elles-mêmes (et à l'intérêt des hommes) que les autres. Une femme devrait donc porter davantage de rouge à lèvres, si possible brillant, pour attirer le sexe opposé et se rendre à un rendez-vous galant – mais pas lors d'un entretien de recrutement professionnel. Quand une femme est sexuellement excitée, ses lèvres, ses seins et la région génitale augmentent de volume, s'empourprent à mesure que le sang gonfle les vaisseaux. L'usage du rouge à lèvres, invention égyptienne vieille de quatre mille ans, visait à reproduire sur le visage les organes génitaux érubescents de la femelle sexuellement excitée. Voilà pourquoi les hommes n'en finissent pas de prêter au rouge à lèvres brillant les vertus les plus sensuelles et les plus séduisantes. Faire la moue et se lécher les lèvres contribue également à en accentuer l'attractivité.

Le langage gestuel de l'amour

**Règle n° 3**

Certaines études ont révélé que les femmes exprimaient une préférence soutenue pour les hommes à la voix grave et douce : les tonalités basses sont directement liées au taux de testostérone. Le changement de tonalité vocale se remarque chez les garçons lorsqu'ils atteignent la puberté et que leur corps est assailli d'hormones mâles ; leur voix, alors, se fissure quasiment en une nuit. Quand un homme est proche d'une femme qui lui plaît, il commencera probablement par lui parler sur un registre plus grave afin de souligner sa virilité. La femme lui répondra vraisemblablement sur un ton plus aigu pour manifester, par contraste, sa féminité.

Le langage gestuel de l'amour

**Règle n° 4**

Quand vous souriez à une autre personne, elle vous retournera presque systématiquement votre sourire, ce qui génère des sentiments positifs chez l'un et l'autre, dans un rapport de cause à effet. Dès lors, il est facile de comprendre pourquoi sourire aux autres et les encourager à vous sourire peut fortement contribuer à vous rendre attirant(e). Aussi, prenez soin de sourire sans réserve lorsque vous vous trouvez en présence du sexe opposé. Si vous êtes sur un site de rencontres, choisissez pour votre profil une photo où vous apparaissez souriant(e) et heureux(se). Assurez-vous que vos dents sont visibles – un sourire lèvres pincées exprime le mépris ou une nature dissimulatrice. Et si vous êtes une femme, n'oubliez pas que les photos de vous dans des poses sensuelles donnent aux hommes l'impression que vous cherchez surtout une rencontre sexuelle éphémère (un « plan cul », en langage jeune), de préférence à une relation à long terme.

**La science a démontré que plus vous souriez,
plus vous recueillez de réactions positives auprès
d'autrui – et plus vous paraissez séduisante.**

## Pourquoi les hommes doivent… mettre en valeur leurs épaules, leur torse et leurs fesses

En général, les femmes cherchent les épaules larges, le torse et les bras musclés, agrémentés de petites fesses. Les études réalisées sur le sujet montrent, à une écrasante majorité, que même au XXIe siècle, les femmes restent en quête d'hommes dont l'apparence prouve l'aptitude à affronter les bêtes sauvages et à repousser les envahisseurs. De fait, la cage thoracique masculine s'est développée pour abriter de larges poumons, permettant une meilleure distribution de l'oxygène et une respiration plus efficace au moment où il faut courir – poursuivre ses proies ou ses adversaires. Dans les tribus primitives, plus son torse était imposant, plus un homme recueillait de respect et de pouvoir. Les hommes d'aujourd'hui peuvent mettre en valeur leur buste et leurs épaules, et montrer leurs bras, en portant des t-shirts et des hauts moulants. Quant aux fesses étroites et musclées, elles sont nécessaires au puissant mouvement de va-et-vient requis par le rapport sexuel et le succès de la transmission séminale. Un homme au derrière gras ou flasque aura plus de difficultés avec ce mouvement d'aller et retour : il aura tendance à projeter le poids de son corps tout entier dans la poussée, ce qui, pour la femme, est désagréable. Porter un jean serré permet de valoriser au mieux le fessier masculin. Placer un smartphone ou un portefeuille dans la poche-revolver donne de la substance aux postérieurs plats.

> Le corps masculin a été conçu pour chasser, attraper et combattre les animaux sauvages, pour porter de lourdes charges et tuer les araignées.

## Pourquoi les hommes doivent… exprimer leur nature dominante

Dans les colonies de babouins et chez plusieurs autres primates, les mâles manifestent leur domination en écartant les jambes afin d'offrir à leur entourage la vue la plus exhaustive sur leur équipement nuptial. À l'occasion, ils n'hésitent pas non plus à le remettre en place, ce qui leur permet d'affirmer en permanence leur statut dominant. Les mâles humains n'expriment pas autrement leur masculinité, quoique de façon plus subtile (parfois) que les babouins : une imitation trop fidèle du comportement babouinesque leur vaudrait en effet une lourde peine de prison !

### Conseil

**Les hommes peuvent arriver au même effet avec un pantalon moulant, un string ou en laissant pendre l'extrémité de leur ceinture, voire un trousseau de clés, devant leur entrejambe.**

## Pourquoi les hommes doivent… essayer la barbe de trois jours

Ce sont les hormones mâles qui font pousser la barbe du visage. Plus le taux de testostérone sera important un jour donné, plus vite poussera le poil. Le stress et la maladie réduisent la quantité de testostérone ; c'est pourquoi un homme malade ou stressé n'a plus besoin de se raser aussi souvent. En conséquence, la barbe de trois jours reste un puissant marqueur visuel de santé et de virilité et peut représenter pour les femmes un authentique stimulant. La plupart d'entre elles s'accordent par exemple sur le fait que Brad Pitt est beaucoup plus sexy avec du poil au menton que rasé de près.

Le bouc, lui, augmente la perception de la taille du menton. Et un menton fortement saillant est un signe de virilité. Malheureusement, le bouc doit son origine à Satan, ce qui peut compliquer la phase de mise en confiance, ô combien essentielle, lorsqu'un homme fait la cour à une femme. Notre conseil sera donc d'éviter de se raser au matin d'une soirée et de fuir les boucs.

## Pourquoi les hommes doivent… s'habiller en hommes de pouvoir

L'expérience est scientifique : un groupe de femmes s'est vu présenter une série de photographies d'hommes portant des vêtements dénotant un statut social élevé (costumes trois pièces, blazers bleu marine, chemises blanches avec cravates de créateur, montres Rolex…). Il était demandé à ces femmes d'indiquer, par des notes croissantes, l'attirance ressentie envers ces hommes. Elles devaient également évaluer leur éventuelle disposition à accepter, avec chacun de ces hommes, un verre, un dîner, une nuit, voire un mariage. Les mêmes hommes leur furent présentés vêtus d'habits témoignant d'un statut social moins élevé : jean et t-shirt, maillot de corps, casquette de base-ball, uniforme Burger King. Dans l'ensemble, les femmes ont répondu pouvoir envisager un verre, un dîner, une histoire de sexe ou un mariage avec les hommes dont la tenue semblait un signe extérieur de richesse. En revanche, leur réponse a été négative face aux hommes vêtus plus « pauvrement ». Ces expériences ont été renouvelées dans d'autres cultures que la nôtre, et elles ont produit les mêmes résultats. Conclusion : c'est le chasseur sachant chasser le mieux, possédant le plus grand nombre de têtes de bétail ou les plus beaux bracelets et les perles les plus somptueuses qui aura droit au plus grand nombre de femmes.

## Pourquoi les hommes doivent... donner à leur vie amoureuse une nouvelle impulsion

Les hommes doivent se tenir droit, marcher tête haute, agir avec assurance et porter des vêtements sombres pour paraître plus grands. Le Dr Bruce Ellis, directeur du département de psychologie expérimentale à l'université de Canterbury (Nouvelle-Zélande), a ainsi découvert que les hommes de grande taille rencontraient davantage de succès, en termes de reproduction, que les hommes plus petits. L'explication ne procède pas seulement du taux élevé de testostérone, associé à la hauteur du corps : si les femmes choisissent pour partenaires des hommes plus grands qu'elles, c'est parce qu'ils sont jugés plus protecteurs et mieux susceptibles de transmettre cet atout à travers leurs gènes. Les hommes, eux, préfèrent les femmes plus petites pour l'avantage apparent que la différence de taille leur procure.

On voit souvent de grands hommes avec des femmes plus petites, mais rarement l'inverse.

## Pourquoi les hommes doivent... apprendre à danser

La région cérébrale concernée par la perception du rythme n'est pas, chez l'homme, ce qu'il a de plus étincelant. C'est pourquoi les hommes dansent moins bien que les femmes. Allez assister à une séance d'aérobic et observez la façon dont les participants mâles (si tant est que vous en trouviez un seul) s'échinent à suivre le tempo. Pourtant, dès qu'un homme prend des cours de danse, même les plus rudimentaires comme le rock et la valse, il devient le centre d'attraction de toutes les femmes. La danse a été décrite comme la concrétisation verticale d'un désir horizontal et c'est une réalité historique : il s'agit d'un rituel qui a évolué afin de favoriser un contact rapproché des corps masculins et féminins, en guise de prélude à la séduction, comme c'est souvent le cas dans le reste du monde animal.

## ♀ Le langage gestuel de l'amour chez les femmes

La plupart des hommes s'accordent sur le fait que le croisement de jambes est la posture la plus attrayante que puisse adopter une femme assise. C'est un geste que les femmes exécutent consciemment pour attirer l'attention sur leurs jambes. Albert Scheflen explique que la ferme pression d'une jambe contre l'autre donne l'apparence d'une importante tonicité musculaire, condition naturelle du corps lorsqu'il est disposé à l'acte sexuel. Ainsi la peau apparaît également plus saine et juvénile. C'est d'ailleurs une position enseignée aux femmes dans les cours de maintien et de mannequinat. La configuration osseuse des jambes et des hanches féminines explique que la majorité des hommes soient incapables de s'asseoir à l'identique.

••• ♀

Ce geste est donc devenu un puissant signal de féminité. Il n'est guère étonnant que plus de 86 % des mâles participant à nos études d'évaluation des jambes féminines aient élu cette posture comme la plus séduisante entre toutes les positions assises.

Jambes croisées : la position assise préférée… des hommes.

## Le langage gestuel de l'amour chez les hommes

Les hommes devraient éviter d'enfoncer leurs mains dans leur poche, au risque de donner l'impression qu'ils sont obtus. Garder les mains dissimulées est un stratagème prisé des hommes qui ne veulent pas participer à une conversation. À l'origine, les paumes étaient comme les cordes vocales du langage corporel : elles en disaient beaucoup plus que tout autre partie du corps ; les cacher, c'était comme garder bouche cousue. À l'inverse, montrer ses mains indique l'ouverture d'esprit et la volonté de s'engager auprès des autres.

## Le langage gestuel de l'amour chez les femmes

À l'occasion d'une expérience, quinze photographies de femmes exprimant la joie, la tristesse et la neutralité d'humeur ont été montrées à deux cent cinquante-sept hommes, afin qu'ils en évaluent l'attractivité. Les femmes à l'expression triste ont été considérées comme les moins attirantes du lot. Les photos de femmes ne souriant pas ont elles aussi été perçues comme indiquant la tristesse, alors que des photos masculines équivalentes étaient associées au caractère dominant des hommes. Les femmes souriantes paraissent également plus soumises et moins menaçantes, donc plus facilement abordables. En public, et plus particulièrement lors des processus de séduction, il est donc absolument bénéfique à une femme de sourire et de rire lorsqu'elle parle à un homme. On notera au passage que les femmes, parce qu'elles sourient généralement davantage que les hommes, ont 26 % de chances supplémentaires, en retour, d'être gratifiées d'un sourire.

Les hommes trouvent attirantes
et abordables
les femmes qui sourient.

## Le langage gestuel de l'amour chez les hommes

Au cours des rituels de séduction, le rire peut aider à déterminer les probabilités de formation d'un couple. Pour le dire simplement, plus l'homme est capable de la faire rire, plus elle va le trouver séduisant. Pourquoi ? Parce que la capacité à faire rire les autres est perçue comme la marque d'un caractère dominant – et les femmes préfèrent les mâles dominants. Voilà pourquoi avoir le sens de l'humour est l'une des premières qualités qu'une femme recherche chez un homme. Quand une femme dit : « C'est un type amusant, nous avons passé toute la soirée à rire », il faut comprendre qu'elle a passé la soirée à rire et lui à la faire rire. Les hommes doivent réaliser que ce sont les plus spirituels d'entre eux qui paraissent les plus séduisants. Heureusement, l'humour, cela s'apprend aussi.

Plusieurs études montrent que les femmes rient en compagnie des hommes qui les attirent, et que les hommes sont attirés par les femmes qui rient à leurs plaisanteries.

# Speed-dating, premiers rendez-vous, soirées, cyber-rencontres et autres missions-suicides

Marc pensait que le rendez-vous se déroulait magnifiquement. Il avait écarté les jambes, caressait sa cravate et administrait à la salière un subtil massage sensoriel. Il n'avait pas remarqué que, depuis vingt minutes, son invitée gardait les jambes croisées vers l'extérieur, pointant même vers la sortie la plus proche.

# Les secrets du speed-dating

> Les autres se forment jusqu'à 90 %
> de leur opinion à votre sujet au cours des quatre
> premières minutes. 60 à 80 % de l'impact
> que vous ferez sera non verbal.

En matière de speed-dating, le succès dépend essentiellement de la première impression – positive. De même qu'il est essentiel de faire bonne impression à son interlocuteur lors d'un entretien d'embauche, les quinze premières secondes d'une *speed date* détermineront probablement si la personne qui vous fait face aura envie de vous revoir ou pas. Au bout du compte, la plupart de vos paroles seront oubliées. Ce qui restera, c'est l'impression que vous aurez faite. Voici nos cinq règles d'or pour réussir l'épreuve du speed-dating :

## 1. L'approche

Quand arrive le moment de vous approcher de quelqu'un, marchez sans hésitation mais d'un pas tranquille, comme si cette marche devait exprimer la confiance et l'enthousiasme suscités par la rencontre.

### 2. Les salutations

Souriez, et si l'on vous tend la main, serrez-la en gardant la paume droite et en exerçant une pression similaire à celle qui vous est prodiguée. Présentez-vous et prononcez deux fois le nom de l'autre personne dans les quinze premières secondes. Ne parlez jamais plus de trente secondes d'affilée.

### 3. Vos gestes

Quand c'est approprié, reproduisez fidèlement les gestes et les expressions de l'autre personne. Si vous êtes une femme, évitez d'utiliser trop d'expressions faciales qui risqueraient de vous faire passer pour une sotte. Ayez l'air vif(ve) et intéressé(e), et assurez-vous de sourire et de montrer vos dents.

« J'espère que je n'ai pas trop parlé. »

**4. La distance**

Respectez l'espace personnel de votre interlocuteur, mais ne vous reculez pas au point d'avoir l'air distant(e). Si vous vous rapprochez trop, il se peut que la personne réagisse en se reculant dans son siège, en se penchant en arrière ou en utilisant des gestes répétitifs, par exemple en tapotant la table du doigt.

**5. Votre sortie**

Prononcez de nouveau le nom de l'autre personne au moment du départ. Au moment où vous vous éloignez, les gens vous suivent toujours du regard, aussi, si vous êtes un homme, assurez-vous que vous avez ciré l'arrière de vos chaussures. C'est une zone négligée par bien des hommes et que les femmes remarquent sans indulgence. Lorsqu'une femme décide de partir, elle pensera à rajuster le dos de ses vêtements et à arranger sa coiffure, verso compris, afin de laisser une bonne impression.

C'est ainsi : lorsqu'elle s'éloigne, l'homme jette un coup d'œil au postérieur d'une femme, même si la vue avant ne lui a pas spécialement plu.

**Le langage gestuel de l'amour**
**Règle n° 5**

Le speed-dating et n'importe quelle première rencontre en face à face ont les mêmes règles. Pour l'essentiel, l'homme voudra d'abord vérifier si la chevelure, les jambes, la silhouette et l'allure générale de la femme lui plaisent. Mais si celle-ci soutient le contact visuel, ainsi qu'il l'est souvent conseillé aux femmes lors d'un premier rendez-vous, ce processus d'observation attentive se restreint considérablement. Il ne reste plus à l'homme, alors, qu'à lancer quelques coups d'œil à la dérobée – sans se faire prendre. Inconvénient : il ne peut plus se concentrer sur la conversation. Les expériences vidéo ont révélé que les femmes se livraient au même processus d'évaluation, mais leur vision périphérique élargie leur permet de le faire en toute discrétion.

### Conseil

Quand vous participez à un speed-dating, serrez la main de la personne puis laissez-lui deux à trois secondes consécutives pour lui permettre de compléter le processus d'évaluation vous concernant. Tournez-vous afin d'accrocher votre manteau ou votre sac au dos de votre chaise, ou bien rapprochez celle-ci et relevez la tête, lentement.

## Cinq conseils essentiels au speed-dating

1. **Exercez-vous à faire des gestes positifs :** vous aurez davantage confiance en vous et les autres vous percevront d'une façon plus positive.

2. **Hochez doucement la tête** pendant que la personne du sexe opposé vous parle. Vous montrez ainsi que vous êtes intéressé(e) par ce qu'elle est en train de dire. Vous pouvez aussi incliner légèrement la tête.

3. **Soyez attentif(ve)à votre posture** afin d'avoir l'air confiant(e) et en même temps intéressé(e). Penchez-vous vers la personne lorsque vous l'écoutez.

4. **Lorsque vous faites un geste,** gardez les doigts rapprochés et les mains en deçà du niveau du menton.

5. **Évitez de croiser les bras** et arrangez-vous pour que votre langage corporel exprime l'ouverture et la facilité d'approche.

## Nos recettes pour un premier rendez-vous parfait

1. **Choisissez un endroit à l'éclairage tamisé :** si une femme est attirée par un homme, ses pupilles vont se dilater, ce qui déclenchera en retour la dilatation des pupilles masculines. Des études ont montré que lorsqu'on projetait à des hommes des films pornographiques, leurs pupilles pouvaient se dilater jusqu'à trois fois leur taille initiale. C'est pourquoi les rencontres amoureuses réussissent davantage dans les lieux faiblement éclairés : la dilatation des pupilles accentue l'impression d'attirance mutuelle.

2. **Évitez la musique trop forte** dans les lieux que vous choisissez, sinon vous risquez d'avoir besoin de parler de plus en plus fort au fur et à mesure de la soirée, au point de vous hurler dessus. Choisissez plutôt un endroit dont la musique d'ambiance vous offrira parfois l'occasion de pianoter ensemble, instaurant de la sorte un échange harmonieux.

3. **Arrangez-vous pour que votre corps forme un angle de 45 degrés avec l'autre personne,** afin d'être confrontés de façon amicale et ouverte mais pas trop intense. Il sera bien temps de passer à 0 degré, lorsque les choses entre vous auront atteint un stade plus intime.

---

Quand un homme est excité par une femme, quelle est la partie de son corps qui peut grossir jusqu'à tripler de volume ?

---

## Comment créer les bonnes ondes

Lorsqu'un couple en est aux premières étapes du processus de séduction, il arrive souvent que ses deux membres exécutent inconsciemment certains mouvements synchronisés, comme s'ils étaient en train de danser. Par exemple, si la femme boit une gorgée de vin, l'homme va se lécher la commissure des lèvres. Ou alors il commence une phrase et c'est elle qui la termine. Quand une personne constate qu'« il y a de bonnes ondes » ou que « l'alchimie est favorable », elle se réfère inconsciemment à ce synchronisme comportemental. Ainsi, au restaurant, il peut arriver qu'une personne soit réticente à manger ou à boire seule, par crainte d'être mal synchronisée avec l'autre. Au moment de la commande, elle va demander à son compagnon ou à sa compagne : « Tu prends quoi, toi ? », comme pour être sûre que les repas se refléteront l'un, l'autre.

### Conseil

Lors d'un rendez-vous, essayez de reproduire subtilement la position assise de votre partenaire, l'angle du corps, ses gestes, sa façon de parler. Avant longtemps, il commencera à sentir que, décidément, quelque chose en vous lui plaît, et il vous trouvera de compagnie « facile ». C'est parce qu'il retrouve en vous son propre reflet.

> Les gens qui ressentent des émotions similaires ne tardent pas à reproduire leur langage corporel respectif. On appelle cela le mimétisme : « Regarde-moi, je ressens la même chose que toi ! »

## Blind-date : l'importance du regard

Pour une émission de télévision, nous avons réalisé une expérience en collaboration avec une agence matrimoniale. Plusieurs hommes sélectionnés ont été prévenus qu'ils allaient rencontrer une femme parfaitement assortie à leur personnalité et correspondant à leur recherche, et que le moment passé avec elle serait certainement aussi réussi qu'agréable. Mais nous avons également expliqué à chaque homme que l'inconnue attendue avait subi une blessure à un œil lorsqu'elle était enfant et en souffrait encore. Nous avons ajouté que nous ne savions pas avec certitude de quel œil il s'agissait, mais que s'il l'observait attentivement, il pourrait le vérifier par lui-même. À chaque femme, nous avions raconté la même histoire à propos de l'homme dont elle allait faire la connaissance. Le jour des rendez-vous, les couples ont passé la soirée à se fixer les yeux dans les yeux, cherchant en vain à déceler chez l'autre « l'œil à problème ». Résultat : à l'issue du test, chaque duo a témoigné du haut degré d'intimité et de romantisme de la rencontre. La probabilité d'une deuxième rencontre entre les deux partenaires a même crû de 200 % par rapport à la moyenne habituelle de cette agence.

> Un regard soutenu longtemps peut déclencher des sentiments très intimes.

De fait, quand une femme apprécie un homme, et que c'est réciproque, elle le regarde autant qu'elle le peut ; dès lors, il en déduit qu'elle l'apprécie, et l'apprécie à son tour. En d'autres termes, quand vous êtes en compagnie de quelqu'un qui vous plaît, vos yeux devraient croiser les siens au moins 60 à 70 % du temps.

## ♀ Le langage gestuel de l'amour chez les femmes

Quand elles parlent aux hommes, et particulièrement lors des premières phases du rituel de séduction, les femmes doivent limiter leurs expressions faciales afin de ne pas paraître envahissantes, intimidantes ou aux abois. Plus important encore : ne mimez pas ce que vous croyez qu'il est peut-être en train de ressentir. Si vous faites erreur, cela peut être désastreux. Vous risquez alors d'être perçue comme « dingue » ou « farfelue ».

♀

### Le langage gestuel de l'amour chez les hommes

Les hommes peuvent exécuter un tiers à peine des expressions faciales dont est capable une femme. Si les hommes gardent en général un visage inexpressif, c'est parce qu'ils ont appris, au cours de leur évolution génétique, à contenir leurs émotions afin de pouvoir contrer toute attaque éventuelle de la part d'un étranger : il leur faut avoir l'air de contrôler leurs émotions. Les femmes, dès lors, en déduisent facilement que les hommes ne les écoutent pas, ou ne s'intéressent pas à elles. Or elles aiment se sentir comprises. Aussi, lorsqu'une femme parle, les hommes devraient mimer ses expressions faciales. Certains hommes protestent : « Mais elle va penser que je suis efféminé ! » Pourtant, des études sérieuses ont prouvé que lorsqu'un homme mime les expressions d'une femme, celle-ci le décrit comme attentif, intelligent, intéressant et attirant.

Les scanners cérébraux révèlent que les hommes peuvent ressentir les émotions aussi intensément que les femmes, mais évitent de les exprimer publiquement.

## Allez voir sous la table...

Vous voulez savoir si votre rendez-vous se passe bien ? Regardez sous la table. Les jambes et les pieds constituent une précieuse source d'information sur l'attitude des gens, car la plupart d'entre eux ignorent ce qu'ils en font ! Avec les jambes et les pieds, ils ne pensent jamais à prendre des poses artificielles comme ils le font avec les expressions du visage. Ainsi une personne peut-elle sembler calme et en contrôle d'elle-même alors que son pied bat la cadence de façon répétitive ou tambourine dans le vide, révélant de la sorte sa frustration de ne pouvoir s'échapper. Les positions croisées révèlent une attitude fermée ou incertaine. Une femme qui n'est pas intéressée par un homme croisera les bras sur sa poitrine et les jambes loin de lui, lui adressant de la sorte, en langage corporel, une fin de non-recevoir – alors qu'une femme intéressée, au contraire, s'ouvrira à lui.

> L'agitation des pieds trahit la tentative du cerveau d'échapper au moment présent.

## ... mais méfiez-vous du verrouillage des chevilles

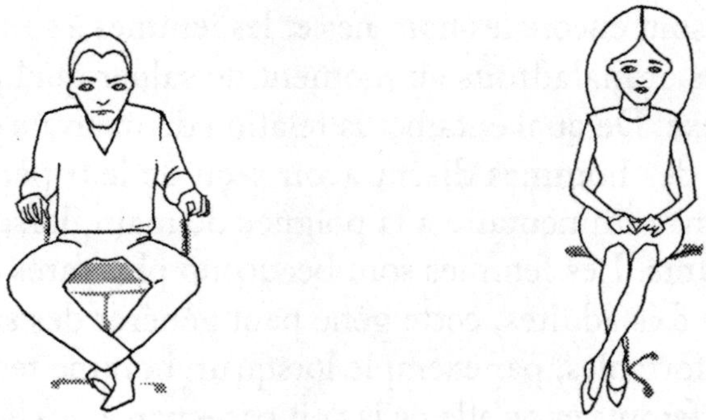

Verrouillage de chevilles. On peut raisonnablement présumer qu'ils ne se reverront pas.

Lorsque des gens sont engagés dans une conversation, leurs pieds jouent aussi un rôle. Le **verrouillage de chevilles** montre que la personne s'efforce de contenir une émotion négative, un manque d'assurance ou sa peur. Les pieds sont généralement repliés sous la chaise, témoignant de l'attitude de la personne, repliée sur elle-même. C'est la posture la plus commune chez les patients allongés dans le fauteuil du dentiste.

### Conseil

Lors d'un rendez-vous galant, si vous vous apercevez que votre interlocuteur a adopté le verrouillage de chevilles, posez des questions propres à susciter une réponse positive. Nos recherches ont pu vérifier que dans 42 % des cas, interroger l'autre l'avait aidé à se décontracter – et à déverrouiller ses chevilles.

## En soirée : comment éviter l'angoisse de la poignée de main

Nombreux sont encore les hommes et les femmes à se sentir embarrassés et maladroits au moment de saluer quelqu'un de l'autre sexe. De quoi entamer la relation du mauvais pied. La plupart des hommes disent avoir reçu de leur père un entraînement rudimentaire à la poignée de main, lorsqu'ils étaient enfants. Les femmes sont beaucoup plus rares dans ce cas. Une fois adultes, cette gêne peut générer des situations inconfortables, par exemple lorsqu'un homme tend sa main à une femme et qu'elle ne la voit pas – parce qu'elle est, au départ, plus encline à regarder son visage. Avec la main suspendue dans le vide, l'homme se sent soudain très bête. Il la retire en espérant que la femme n'a rien remarqué, mais dans le même temps celle-ci lui tend la sienne et se retrouve à son tour la main dans le vide. Il répond alors à son geste avec précipitation… et on se retrouve avec un méli-mélo de doigts enchevêtrés, à peu près aussi sensuel que l'étreinte de deux calamars fougueusement épris.

## Conseil

Lors d'une soirée ou d'un quelconque événement public, s'il vous faut impérativement en passer par cette épreuve que vous redoutez tant, saisissez délibérément, de votre main gauche, la main droite de la personne à saluer. Dirigez cette main vers votre main droite et dites en souriant : « Bon, on va la refaire ! » Vous en tirerez un grand crédit auprès de l'autre personne, car vous aurez ainsi montré que vous attachez assez d'importance à la rencontre pour que la poignée de main soit réussie.

## On ne s'est pas déjà rencontrés quelque part ?

Lorsqu'on rencontre pour la première fois une personne du sexe opposé, il est bien pratique d'utiliser le **pouvoir du toucher** si on veut laisser un souvenir. Toucher une personne de la main gauche tout en lui serrant la main de la droite peut avoir de puissantes conséquences. De même, effleurer la main de quelqu'un au moment de le croiser peut le conduire à vous répondre plus favorablement. Ces deux gestes vont instaurer entre vous un lien momentané. Le toucher doit être discret, toutefois, sinon vous risquez de faire peur…

### Conseil

La prochaine fois que vous rencontrerez quelqu'un du sexe opposé et que vous lui serrerez la main, allongez votre bras gauche, touchez-lui très légèrement le coude ou la main pendant deux à trois secondes pendant que vous lui serrez la main, répétez son nom pour confirmer que vous l'avez bien retenu et observez sa réaction. Non seulement votre attitude va donner à la personne un sentiment d'importance, mais elle vous aidera aussi à retenir son nom. Quand vous tendez un verre ou son manteau à quelqu'un, n'hésitez pas à effleurer sa main de la vôtre : il éprouvera instantanément avec vous une connexion positive.

## Le langage gestuel de l'amour chez les femmes

En soirée, chacun scrute de pied en cap les invités du sexe opposé. Grâce à l'amplitude plus généreuse de leur vision périphérique, les femmes peuvent se livrer à cette observation sans crainte d'être chaque fois repérées. Quant aux hommes, leur champ visuel étriqué les contraint à toiser de haut en bas le corps d'une femme, de manière peu discrète. C'est la raison pour laquelle les hommes sont constamment accusés de lorgner le corps des femmes alors que celles-ci n'encourent que rarement le même reproche – quand bien même les études montrent qu'elles ont justement tendance à « reluquer » beaucoup plus que les hommes ! Ce n'est pas que les hommes soient de plus grands mateurs, mais c'est que leur champ visuel réduit les conduit à se faire pincer systématiquement. Cela dit, qu'on soit mâle ou femelle, regarder vers le bas lors d'une conversation en soirée peut servir différents objectifs : l'homme en profitera pour décocher, discrètement, le premier coup d'œil d'évaluation. La femme procédera également ainsi pour examiner son vis-à-vis mais aussi lui adresser, le cas échéant, un signal de soumission.

---

Pourquoi les hommes ont-ils tant de mal à établir le contact visuel ?
Parce que les seins n'ont pas d'yeux.

---

## Le langage gestuel de l'amour chez les hommes

Vous êtes un homme, vous êtes invité à une soirée ou à un quelconque événement public et vous vous demandez quelles sont les femmes à qui vous plaisez. Voici une astuce : veillez à porter un costume-cravate soigneusement repassé, mais assurez-vous que votre cravate est légèrement de travers et déposez sur votre épaule un petit flocon de poussière. Toute femme vous trouvant séduisant ne pourra résister à l'envie d'épousseter votre épaule et de rajuster votre cravate.

Une cravate très légèrement décentrée fournira aux femmes intéressées un prétexte pour la rajuster.

## En soirée : comment savoir qui est libre ou pas

Si vous vous trouvez dans une fête et que vous cherchez un truc efficace pour savoir qui est disponible et qui ne l'est pas, observez les hanches des gens lorsqu'ils se saluent : la distance que laissent entre leurs bassins deux personnes s'embrassant pour se dire bonjour en dit long sur leur relation. Les gens partageant une intimité physique n'hésitent pas à presser leur torse l'un contre l'autre ; ils interpénètrent ainsi leur **zone intime rapprochée**. C'est une pratique à distinguer du genre d'accolade que vous prodiguera un inconnu au réveillon du Nouvel An, la femme de votre meilleur ami ou cette chère vieille tante Léopoldine.

Plus deux personnes se sentent émotionnellement proches l'une de l'autre, plus elles se rapprochent physiquement.

Lorsque nous nous penchons ainsi vers quelqu'un, c'est pour lui exprimer une forme de droit territorial. Les amoureux se tiennent la main ou s'enlacent en public afin de signifier aux concurrents éventuels qu'ils détiennent un droit l'un sur l'autre. Une femme époussettera d'imaginaires poussières sur l'épaule de son homme pour faire comprendre aux autres femelles que celui-ci est pris, et bien pris. Il n'est pas rare non plus de voir certaines personnes se comporter ainsi avec quelqu'un qui les attire mais avec qui elles ne sont pas – encore – en relation : il s'agit bien d'un message territorial, notifiant aux autres de rester à l'écart.

« Bas les pattes – il est pris. »

# Éviter de tenir la chandelle…

Quand trois personnes entament une conversation lors d'une soirée ou d'un événement réservé aux célibataires, elles commencent parfois en position triangulaire. Il est toutefois probable qu'au bout d'un moment, deux d'entre elles auront adopté une **position rapprochée** pour exclure la troisième : cette configuration est un signal clair adressé à la troisième personne afin qu'elle s'éloigne du groupe et s'évite l'embarras d'en être explicitement exclue. Autres signes manifestes d'un processus d'exclusion en cours : pointer le pied vers une autre personne qui vous intéresse davantage, ou croiser les genoux en direction de l'indésirable.

Pour le moment elle garde toutes les options ouvertes…

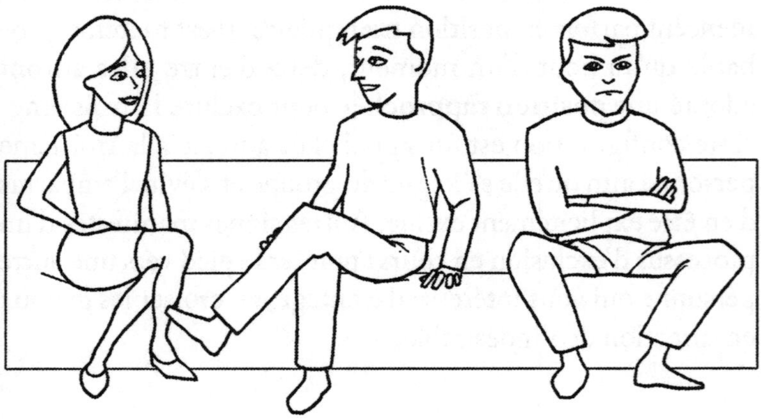

... mais elle va bientôt signifier clairement à qui elle porte le plus d'intérêt.

## Conseil

Le couple du dessin ci-dessus serait enchanté s'il venait à l'idée de la troisième personne – le deuxième homme – d'aller faire dix fois le tour du pâté de maisons. La seule façon pour lui de participer à la conversation serait de déplacer une chaise juste devant le duo et d'essayer de constituer un triangle, ou de tenter tout autre action à même de rompre leur étroit rapprochement.

L'homme sur la gauche est en pleine parade de séduction, le corps tendu et les pouces valorisant son entrejambe. La femme répond, elle montre qu'elle est intéressée. L'homme sur la droite aurait tout intérêt à aller voir au Népal si les deux autres n'y sont pas.

Le langage gestuel de l'amour
**Règle n° 6**

Depuis que le tabac existe, fumer permet de souligner nos différences sexuelles : pour la femme, c'est un moyen supplémentaire de dévoiler la région vulnérable entourant son poignet et d'ouvrir son corps à l'homme. C'est aussi l'occasion d'utiliser la cigarette tel un petit phallus sensuellement suçoté. La clé de l'attraction sexuelle suscitée par une femme qui fume tient à l'attitude de soumission qui s'en dégage ; en d'autres termes, on peut y lire le message suivant, particulièrement subtil : la femme qui fume pourrait bien se laisser convaincre de faire des choses qui ne sont pas forcément dans son intérêt… L'homme, lui, soulignera sa virilité en tenant la cigarette entre le pouce et l'index, avec des airs mystérieux et séduisants. Dans de nombreux endroits, cependant, le tabac est désormais aussi populaire qu'un pet dans un scaphandre ; aussi, en règle générale, vous vous abstiendrez de fumer en présence du sexe opposé, à moins que la personne ne soit elle-même en train de le faire.

**Le langage gestuel de l'amour**

**Règle n° 7**

Si vous voulez mentir avec efficacité, votre corps doit demeurer hors de portée visuelle, sinon votre langage gestuel finira par vous trahir. Par voie de conséquence, il est beaucoup plus facile de mentir dans un e-mail ou au cours d'un dialogue on line. C'est pourquoi tant de gens, par ailleurs honnêtes, mentent sur leur âge, leur passé ou leur métier lorsqu'ils communiquent sur les sites de rencontre ou les réseaux sociaux – des mensonges qu'ils n'imagineraient pas formuler de visu. Du reste, de nombreuses personnes mentent simplement pour accroître leur cote d'amour à court terme, mais elles éprouvent souvent le besoin de soulager leur conscience lorsqu'elles vous rencontrent in real life : le mensonge en face à face est bien plus difficile.

> Sur les sites de rencontres, les hommes exagèrent les critères auxquels les femmes accordent de l'importance : ils mentent sur leur métier, leur salaire, leur statut et leur disponibilité réelle, afin d'accroître leur cote d'amour.

## Avertissement

Le type de menteur le plus redoutable qu'une femme puisse rencontrer est le menteur romantique. Certains menteurs romantiques se spécialisent dans la dissimulation de leur statut conjugal (ils sont mariés) alors que d'autres excellent à se faire passer pour des avocats ou des hommes d'affaires prospères afin d'extorquer des relations sexuelles – ou de l'argent – à une femme sans méfiance. Les menteurs romantiques sévissent dans les chat rooms du Web et sur les sites de rencontres. Notre conseil : ne pas croire automatiquement ce que les autres vous disent. Si vous avez le moindre doute, écoutez-le, même s'il vous faut alors en parler à l'une des ex de votre interlocuteur ou mandater un enquêteur professionnel. Ne vous faites pas la victime consentante des clichés romantiques ou de vos propres hormones trop bouillonnantes.

# Pour le meilleur et pour le pire : trouver un partenaire durable, se déclarer et savoir gérer les problèmes relationnels

« Je veux de l'ouverture d'esprit, de l'honnêteté et une relation monogame. Je n'aime pas ces hommes qui essaient de vous faire marcher. »

L'amour commence avec le désir, qui peut durer quelques heures, quelques jours ou quelques semaines. Puis vient la toquade, l'engouement passager, qui se prolonge en moyenne trois à douze mois avant que l'attachement ne prenne le relais. Quand l'aveuglant cocktail hormonal s'apaise, nous découvrons notre partenaire à la lueur froide du jour, et toutes les petites habitudes que nous trouvions si attendrissantes aux premières heures peuvent alors nous devenir exaspérantes.

Quand un homme précède sa femme pour lui ouvrir la porte de la voiture, vous pouvez être sûr d'une chose : soit la voiture est neuve, soit c'est la femme.

Trouver le bon partenaire, c'est décider ce que vous allez partager, à long terme, avec cette personne. Et c'est prendre cette décision avant de se laisser aveugler par les montées d'hormones bien naturelles. Quand l'engouement sera passé – et il passera –, saurez-vous maintenir une relation durable ?

Pour bien des femmes, le mariage n'est plus un engagement à vie. La vie est trop longue. Le mariage, c'est (juste) pour l'amour.

# Comment les femmes peuvent attirer un compagnon pour la vie

De nombreuses femmes se plaignent que les hommes ne pensent qu'au sexe et refusent de s'engager. En modifiant votre langage gestuel et les signaux ainsi émis, vous aurez davantage de chances d'attirer un partenaire qui s'intéressera à vous à long terme.

## Faites-vous désirer

Les enquêtes consacrées à l'amour révèlent qu'avoir l'air timide, voire carrément farouche, peut se révéler d'une grande efficacité pour les femmes et les hommes en quête d'un partenaire à long terme. La pudeur chez une femme indique qu'elle est difficile à conquérir ; c'est également considéré comme un gage de fidélité – l'un des premiers critères recherchés par les hommes en quête d'un compagnon pour la vie. Si une femme est perçue comme « facile », l'homme en déduira qu'elle le sera tout autant avec d'autres hommes que lui. De quoi compromettre sa certitude de paternité. Se faire désirer est une excellente stratégie qui renvoie à la plus ancienne des exigences masculines : la fidélité de la femme, et l'assurance pour l'homme d'être bien le père de ses enfants.

« Suis-je le premier homme à t'avoir fait l'amour ?, demanda-t-il.
— C'est possible, répondit-elle. Ton visage me dit quelque chose. »

Pour un homme recherchant juste un « plan sexe », la pudeur est un indice négatif : il y voit l'annonce d'une débauche d'efforts et d'énergie à consentir avant d'arriver à ses fins. De fait, une femme différant le rapport sexuel va augmenter sa cote d'amour en obligeant l'homme à la considérer comme un potentiel partenaire à long terme.

> Le mariage est un bienfait du Ciel.
> Tout comme le tonnerre et la foudre.

Pour avoir l'air pudique, la femme peut s'essayer au **demi-sourire en contre-plongée.** Tête inclinée et regard montant, sourire en coin, la « sourieuse » paraît alors aussi juvénile qu'espiègle. Ce sourire pudique s'est imposé partout comme le préféré des hommes, car il génère chez eux des sentiments paternels : le mâle se sent soudain des velléités protectrices, plein d'attention pour la femelle. C'était l'un des sourires dont se servait la princesse Diana pour charmer les cœurs.

## Cachez cette peau que l'autre ne saurait voir...

À l'occasion d'une étude, des hommes et des femmes se sont vu présenter une série de vidéos mettant en scène des personnes du sexe opposé : plus une femme dévoilait de peau et portait des vêtements moulants, plus les hommes voyaient en elle un partenaire sexuel potentiel – mais moins ils l'imaginaient en partenaire à long terme. Plus sa robe était échancrée et ses seins visibles, moins ils parvenaient à se souvenir des paroles qu'elle avait prononcées (et même à s'y intéresser).

> Plus une femme aura caché de peau – surtout du côté des zones érotiques –, plus elle sera perçue comme un partenaire à long terme potentiel.

## Comment savoir s'il est sincèrement intéressé

C'est la première récrimination des femmes : elles ont du mal à savoir si l'homme est vraiment accroché ou s'il attend seulement l'arrivée d'une autre, plus appropriée à ses besoins. Il est vrai que bien des hommes, pour éviter d'être blessants, promettent de rappeler alors qu'ils n'en ont pas la plus petite intention. Alors, comment savoir ? Surveillez ces signaux corporels essentiels, et vous ne vous retrouverez jamais plus à attendre comme une cruche à côté d'un téléphone désespérément muet :

### 1. Un contact visuel prolongé

Quand nous regardons quelqu'un longtemps, c'est qu'il nous intéresse. Lorsque les yeux d'un homme s'agitent de tous côtés, il est probablement en train de chercher une porte de sortie, c'est le signe qu'il prépare son évasion.

### 2. Des gestes tactiles et affectueux

S'il vous touche la main ou le coude, s'il vous serre dans ses bras un peu plus longtemps que nécessaire au moment de prendre congé, c'est que son intérêt pour vous est sérieux.

## 3. Les positions du corps

Son corps est-il tourné dans la direction opposée, manifestant ainsi son désir d'être ailleurs ? Ou bien se tient-il assis droit devant vous ? Un homme ne se contentera pas de diriger son corps ou ses pieds vers la femme par qui il est sincèrement attiré : il réduira également la distance entre elle et lui.

**Le langage gestuel de l'amour**

**Règle n° 8**

La plupart des gens considèrent les embrassades et les bises comme des marques d'affection. Or, un geste peut être trompeur. Si les accolades à l'anglo-saxonne (hugs) ne sont pas trop votre truc mais que vous êtes obligé(e) d'en passer par là, vos petites tapes dans le dos de la personne commenceront probablement par brasser l'air avant l'étreinte proprement dite. La bise dans le vide – avec un accompagnement sonore du type « mmmm » – sert d'alternative au vrai baiser – quand nous n'avons pas du tout envie de le prodiguer. Alors, la prochaine fois que vous voudrez savoir si quelqu'un éprouve pour vous une affection sincère, surveillez ces indices révélateurs.

Les gens simulant l'affection vous tapoteront l'épaule à plusieurs reprises pour mettre fin à l'accolade, comme le feraient des lutteurs. Les « embrasseurs » sincères, eux, ne desserrent pas l'étreinte.

## Le couple parfait ?

Vous voulez savoir si votre bien-aimé(e) est le ou la partenaire idéal(e) ? Le Dr Boguslaw Pawlowski, un anthropologue polonais, a découvert que, dans une relation idéale, la confiance, l'argent et le respect comptaient moins que la différence de taille... Ses recherches ont montré que, pour s'assurer l'harmonie conjugale, un homme devait être 1,09 fois plus grand que sa partenaire. Cette formule expliquerait l'échec de certaines belles histoires, celle de Nicole Kidman (1,80 mètre) et de Tom Cruise (1,70 mètre), par exemple.

Parmi les couples respectant ou approchant le ratio conseillé, on retrouve :

**Cherie** et **Tony Blair** = 1,10
**Victoria** et **David Beckham** = 1,09

D'autres couples sont loin de ce coefficient. Par exemple :

**Camilla Parker-Bowles** et le **prince Charles** = 1,01
**Penny Lancaster** et le chanteur **Rod Stewart** = 0,97

---

La vie conjugale est très frustrante. Pendant la première année de mariage, l'homme parle et la femme écoute. La deuxième année, la femme parle et l'homme écoute. La troisième année, l'homme et la femme parlent et les voisins écoutent.

---

**Le langage gestuel de l'amour**
**Règle n° 9**

Une étude de l'université de Californie a révélé que les mots du langage courant à plus fort pouvoir de persuasion étaient découverte, garantie, amour, prouvé, résultats, facile, santé, nouveau et toi. Entraînez-vous à employer ces mots. Ils vous garantiront davantage d'amour, amélioreront votre santé et vous assureront de meilleurs résultats avec le sexe opposé.

## Demande en mariage : comment faire pour qu'elle dise oui

Il y a cent mille ans, nos ancêtres mâles rentraient de leur journée de chasse avec la proie qu'ils avaient tuée, pour la partager avec leur communauté dans la caverne commune. On allumait un feu à l'entrée de la grotte afin d'en éloigner les prédateurs et d'y dispenser un peu de chaleur. Chacun de ces hommes des cavernes s'adossait à une paroi pour éviter d'être attaqué par-derrière pendant qu'il s'absorbait dans la dégustation de son repas.

Cent mille ans plus tard, lorsqu'il est invité à un dîner en ville, l'homme moderne réagit et se comporte peu ou prou de la même façon que son vénérable ancêtre. Les hommes d'affaires et les spécialistes du langage corporel savent depuis longtemps que les plans de table, l'éclairage et le cadre peuvent avoir un impact décisif sur l'issue d'une réunion. Les mêmes principes s'appliquent aux demandes en mariage. Obtenir de votre petite amie qu'elle accepte votre main sera beaucoup plus aisé si elle est détendue et que ses barrières défensives ont été abaissées. C'est pourquoi nombreux sont les hommes à se déclarer pendant les vacances, dans de grands restaurants ou d'autres environnements romantiques. Si vous faites votre déclaration chez vous, à l'hôtel ou au restaurant, voici la marche à suivre pour lui passer la bague au doigt :

1. **Choisissez un endroit pourvu d'une cheminée :** de nombreux grands restaurants disposent d'un « coin du feu »

ou d'une cheminée décorative à proximité de l'entrée : ainsi se trouve recréé l'effet protecteur de la flambée qui réchauffait les cavernes de nos ancêtres.

2. **Faites-la s'asseoir adossée à un mur ou à une cloison solide :** plusieurs enquêtes ont montré que la respiration, le rythme cardiaque, la fréquence des ondes cérébrales et la tension artérielle s'élèvent rapidement lorsqu'une personne est assise dos au vide, surtout si d'autres gens se déplacent autour d'elle.

3. **Une lumière tamisée et une musique douce**, en fond sonore, contribueront à détendre les sens.

4. **Isolez votre bien-aimée des autres personnes** au moyen d'un paravent ou d'une grande plante verte. C'est la condition si vous voulez que votre public soit 100 % attentif…

5. **Rappelez-vous le pouvoir du toucher :** un frôlement léger crée un lien temporaire entre deux personnes. C'est pourquoi, au moment de la demander en mariage, l'homme prendra souvent dans la sienne la main de la femme.

Pour inciter leurs clients à se ruiner en plats gastronomiques, les grands restaurants savent jouer de ces « recettes » de relaxation. De même les hommes utilisent-ils de semblables astuces, depuis des milliers d'années, afin de composer à l'intention de leurs femmes des ambiances romantiques à souhait : il est beaucoup plus facile de décrocher la réponse espérée dans de telles circonstances que ce ne le serait sous un néon blafard, dans un espace ouvert à tous les vents et envahi par le vacarme environnant.

## Confiance : comment savoir si votre partenaire vous ment

La confiance est le pilier de toute relation heureuse et durable, mais comment être certain que vous pouvez croire ce que vous dit votre partenaire ? L'homme de votre vie jure qu'il ne pense plus à son ex, mais vous savez qu'il a une photo d'elle dans le tiroir de son bureau. Votre femme vous a dit être allée rendre visite à sa mère malade, hier soir, mais votre intuition vous murmure que quelque chose cloche. On vous aurait menti ?

> Quand les hommes mentent, leur langage corporel peut être totalement révélateur. Quand elles mentent, les femmes préfèrent avoir l'air affairé.

L'une des façons les plus efficaces de découvrir si une personne est franche – ou pas – consiste à observer ses mains, et plus précisément leur paume. Lorsque quelqu'un veut signifier sa sincérité, il aura tendance à ouvrir les mains, côté paume, et à protester sur le mode du « Ce n'est pas du tout ce que j'ai fait ! », « Je suis désolé si tu t'es inquiétée » ou encore « Ce que je te dis est la vérité vraie. » Un homme souhaitant ne rien dire de la soirée passée avec ses copains préférera enfouir ses mains dans ses poches (ou rester les bras croisés) pendant qu'il livre à sa partenaire sa version des faits. Une femme qui essaie de cacher quelque chose évitera plutôt que le sujet soit abordé : elle s'affairera ainsi, simultanément et ostensiblement, à d'autres occupations.

Les principaux gestes qu'il faut apprendre à repérer sont :

**1. Le clignement répété des yeux**

Les gens sous pression, par exemple quand ils mentent, augmentent considérablement la fréquence de leurs clignements oculaires. Il s'agit d'une tentative inconsciente de vous écarter de leur vue.

**2. La main devant la bouche**

La main recouvre la bouche car le cerveau essaie inconsciemment de supprimer les paroles fallacieuses en cours d'énonciation.

**3. Le frottement des yeux**

Les hommes qui mentent se frottent souvent les yeux avec vigueur. Si le mensonge est vraiment énorme, ils vont même tenter de regarder ailleurs. Les femmes, elles, recourront à de délicats mouvements d'effleurement juste au-dessous de l'œil.

**4. Le grattement d'oreille**

C'est une tentative symbolique de « ne pas entendre le mal » ; le menteur essaie d'empêcher que les mots prononcés n'entrent dans ses oreilles en en tirant le lobe ou en plaçant une main devant le pavillon.

**5. Le desserrement de col**

Mentir provoque une sensation de picotement dans les délicats tissus du cou. Il faut alors se gratter ou les frotter pour y remédier.

Pris séparément, aucun de ces gestes de la main au visage ne signifie nécessairement que votre partenaire est en train de vous mentir. Mais s'ils sont utilisés ensemble (au moins trois d'entre eux) et si vous avez l'impression que les paroles et les actes ne concordent pas, il est plus que probable que votre instinct, lui, dit la vérité.

Pour repérer un menteur, regardez si le langage gestuel de la personne soupçonnée contredit ou non ses paroles. Ce qui compte, c'est l'air que vous avez quand vous parlez, pas ce que vous dites. Aucune femme ne croira un homme qui dit « Je t'aime » en secouant la tête.

## Pourquoi les femmes repèrent facilement menteurs et tricheurs

Des recherches menées par des psychologues de l'université de Harvard ont révélé que les femmes étaient beaucoup plus réactives au langage gestuel que les hommes : elles sont capables d'interpréter correctement une situation dans 87 % des cas (résultat des hommes : 42 %). Les femmes possèdent une capacité innée à percevoir et à déchiffrer les signaux non verbaux. Elles savent aussi observer les plus petits détails. Pour des raisons liées à la survie, leur cerveau est conçu pour lire le langage corporel des inconnus et des nourrissons qui ne savent pas encore parler. Cette hyper attention des femmes au langage corporel et aux signaux vocaux explique que les hommes se fassent plus souvent démasquer. On pourrait en déduire que les hommes mentent davantage, mais ce n'est pas le cas. Ils se font juste plus souvent repérer.

> Être « clairvoyant » ou réceptif signifie d'abord être capable de repérer les contradictions entre les paroles de quelqu'un et son langage gestuel.

En raison de cet « équipement sensoriel » supérieur dont disposent les femmes, les hommes ont du mal à leur mentir frontalement. Alors qu'en comparaison, comme le savent désormais la plupart des femmes, mentir à un homme en face à face est on ne peut plus facile, puisqu'il ne détient pas autant de capteurs cérébraux pour repérer les incohérences entre les signaux verbaux et non verbaux qu'elles envoient. C'est pourquoi très peu de maris réussissent à mentir impunément à leur femme, alors que la plupart des femmes sont capables de rouler un homme dans la farine sans qu'il en prenne conscience un seul instant.

Homme soumis à un détecteur de mensonges dernier cri

## Conseil

La plupart des hommes, quand ils s'apprêtent à mentir à une femme, auraient tout intérêt à le faire par téléphone, par e-mail ou encore tous feux éteints et la tête cachée sous une couverture : non seulement les femmes sont bien plus capables de repérer les mensonges, mais elles savent aussi très bien les mémoriser pour s'en servir de munitions lors des futures disputes.

La proportion d'aventures extraconjugales, partout où elles ont été évaluées, oscille entre 30 et 60 %. Il est vrai que ces infidélités ont été facilitées, pour les deux sexes, par l'espace inédit et infini que représentent les réseaux sociaux du type Facebook, les textos et messageries instantanées et les sites de rencontres – surtout ceux qui sont dédiés aux personnes mariées. Il est aussi devenu beaucoup plus aisé de se faire pincer. Pour repérer les dragueurs, les femmes sont les meilleures : il n'est donc pas étonnant que, même si plus de 80 % des liaisons sont initiées par les hommes, ce soient les femmes qui y mettent un terme dans… plus de 80 % des cas.

Quelle est la différence entre mentir au fisc et mentir à votre femme ? Si vous vous faites pincer, le fisc aura encore envie de vous baiser.

Le langage gestuel de l'amour

**Règle n° 10**

En raison du stress associé au mensonge, il arrive que la voix d'un menteur se fasse plus aiguë. Si votre partenaire reçoit un texto de la part d'une certaine Charlotte et qu'il vous explique qu'il s'agit d'une erreur de numéro ou qu'il ne connaît pas de Charlotte, et que vous remarquez qu'il pépie comme un canari, vous pouvez ajouter une ligne à la liste de vos soupçons.

**Le langage gestuel de l'amour**
**Règle n° 11**

Les caméras utilisées en imagerie médicale pour observer la circulation sanguine révèlent que, lorsqu'une personne ment, son nez augmente de volume. En fait, l'augmentation de la pression artérielle dilate les fins tissus internes du nez et déclenche un picotement du côté de ses terminaisons nerveuses : il s'ensuit un vif mouvement de grattage du nez avec la main, pour soulager la démangeaison. Impossible, à l'œil nu, de voir le nez enfler, mais il est intéressant de remarquer que pendant un mensonge, le pénis gonfle également. Alors, si vous n'êtes pas sûre que votre homme vous dit la vérité, toute la vérité… baissez-lui le pantalon.

# Les secrets des relations heureuses

PASSE-MOI
LE SÈCHE-CHEVEUX,
CONNARD.

## Les femmes ont besoin d'affection

« Avant notre mariage, il avait l'habitude de me prendre la main en public, de me caresser le dos. Aujourd'hui il ne me tient plus jamais par la main et il ne me touche que lorsqu'il veut faire l'amour. » Cela vous dit quelque chose ? Tant qu'il lui fait la cour, un homme touche sa petite amie plus qu'à aucun autre moment de leur relation : il contient mal son envie de « mettre la main sur elle », littéralement, mais n'a pas encore reçu le feu vert autorisant un contact sexuel. Alors, il la touche partout ailleurs, faute de mieux. Une fois invité au contact sexuel, son cerveau ne voit plus l'intérêt de revenir aux « jours anciens », aussi se concentre-t-il désormais sur les « morceaux de choix ».

### Conseil

Si vous souhaitez marquer des points auprès de votre partenaire, utilisez toutes les formes de contact tactile appropriées, mais évitez comme la peste les gestes hésitants, et prenez soin de la câliner fréquemment, sans oublier de lui tenir la main afin qu'elle se sente aimée.

Or, dès la naissance, les filles sont beaucoup plus sensibles, tactilement, que les garçons. La peau d'une femme adulte est au moins dix fois plus réceptive au toucher et à la pression que celle d'un homme : l'épiderme féminin est plus fin que la carapace masculine. Il renferme également une couche de graisse supplémentaire, chargée d'assurer plus de chaleur en hiver et une meilleure endurance. C'est pourquoi les femmes attachent tant d'importance au (vrai) câlin avec leur bien-aimé. Une étude réalisée auprès de patients soignés en psychiatrie a montré que les hommes soumis à une pression tactile évitaient d'y répondre et se repliaient sur leur monde intérieur. Plus de la moitié des femmes étudiées lors du même test ont, elles, initié en retour une approche de l'homme, non pour des raisons sexuelles, mais pour l'intimité du contact.

## Accrochez-vous à votre femme

La probabilité pour un mariage de s'interrompre prématurément est aujourd'hui de 50 %. Et il y a près de 85 % de chances que la femme soit à l'origine de la rupture. Pour le seul Royaume-Uni, on évalue à trois par jour le nombre d'hommes qui se suicident parce qu'ils ne parviennent plus à faire face à leur pension alimentaire – déterminée en fonction des ressources : plus vous gagnez, plus vous payez. Ces hommes perdent l'espoir de rebondir et de retrouver une vie normale. Alors, que veulent vraiment les femmes ? La fonction ancestrale de l'homme, en bon chasseur-cueilleur, est de subvenir aux besoins de sa famille ; la femme désire donc qu'il lui prouve son potentiel de chasseur à long terme et sa volonté de partager ses ressources avec elle.

> Le mariage et l'amour relèvent de la plus pure combinaison chimique. Ce qui explique pourquoi on en arrive souvent à traiter l'autre comme un déchet toxique.

## Conseil

Manifester son engagement, même modérément, a bien plus de valeur auprès d'une femme que les cadeaux les plus chers et les plus impressionnants. Toute action susceptible d'apparaître comme une preuve d'amour est perçue comme un signe d'engagement, aussi les hommes doivent-ils constamment exprimer une attitude aimante s'ils veulent garder leur femme. Autrement dit : être attentifs et attentionnés. En dépit de ce que peuvent penser les militants du politiquement correct, les gestes traditionnels – comme tenir la porte à une femme, lui porter ses paquets ou simplement l'écouter parler – témoigneront avec force, et à sa grande surprise, que vous êtes là pour un long voyage en sa compagnie, et pas seulement de passage.

## Souriez, souriez, souriez

Sourire – ou pas –, c'est une habitude. Des études ont montré qu'il était possible d'améliorer spectaculairement sa relation à l'autre en faisant régulièrement l'effort de sourire, et même de rire, jusqu'à ce que cela vous devienne naturel.

Les relations échouent davantage lorsque l'un des partenaires ne parvient plus à refléter les expressions de bonheur de l'autre et, pis encore, manifeste des signes de dédain. Plus vous sourirez à votre partenaire, plus vos liens seront solides.

La recherche a démontré que seuls
15 % de nos rires sont consécutifs
à une plaisanterie ou à une situation comique.
Le rire est lié à l'affection.
Les couples qui savent rire ensemble
restent ensemble.

## Conseil

Afin d'encourager le rire et la joie au sein de votre relation, pensez à des choses simples : visionner ensemble un film ou une sitcom humoristique, aller voir une comédie ou un spectacle de théâtre léger. Surtout, n'oubliez pas de faire l'effort – conscient – de rire aux blagues de l'autre. Plus vous rirez, plus votre cerveau libérera d'endorphines, mieux vous vous sentirez ; et, en vertu de la loi de cause à effet, plus votre partenaire aura envie de rire aussi.

## Les hommes doivent montrer qu'ils écoutent...

Les femmes se plaignent souvent du fait que les hommes ne les écoutent pas. Le langage gestuel révèle l'état émotionnel de la femme et participe à hauteur de 80 % de l'impact constaté dans la plupart des conversations féminines. Du point de vue masculin, lorsqu'elles discutent ou téléphonent, les femmes semblent toujours en train d'agiter les bras et d'user d'une large gamme d'expressions faciales. De fait, c'est le ton de la voix qui se charge de véhiculer le fond de leur pensée ; or, les femmes communiquent au moyen d'une gamme de cinq tons – et la plupart des hommes ne peuvent en identifier que trois. Les paroles effectivement prononcées constituent moins de 10 % de l'impact du message. En conséquence, lorsqu'une femme parle, les mots eux-mêmes ne sont pas déterminants, car l'essentiel du message est non verbal.

> Le langage gestuel est le reflet extérieur de l'état émotionnel d'une personne.

Pour mimer les émotions du locuteur, puis y réagir, une femme utilisera une moyenne de six expressions d'écoute sur une séquence de dix secondes. Son visage reflétera ainsi les émotions exprimées par son interlocuteur. Au point de donner à un témoin extérieur l'impression que les événements évoqués par la discussion sont en train d'arriver à la fois à la femme et à celui qui lui parle.

Voici une séquence type de dix secondes, au cours de laquelle une femme va manifester son écoute :

Tristesse Surprise Colère Joie Peur Désir

Voici la même gamme d'expressions faciales, employée par un homme dans la même période d'écoute :

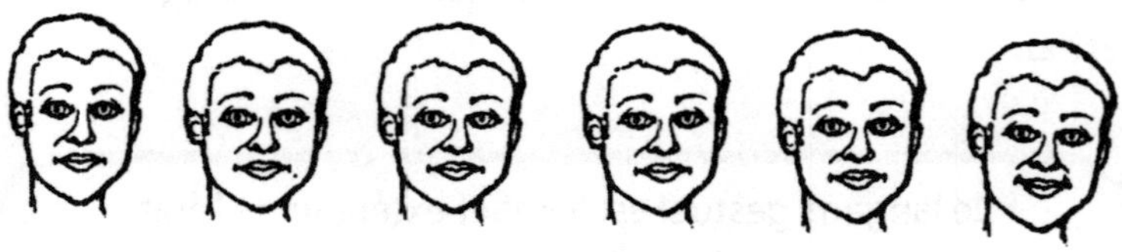

Tristesse Surprise Colère Joie Peur Désir

Ce sont l'intonation et le langage gestuel du locuteur qui permettent à la femme de déchiffrer le sens de ce qui lui est dit. Voilà précisément l'exemple à suivre, pour l'homme, s'il veut que sa partenaire se sente enfin comprise et entendue. La plupart des hommes n'osent pas utiliser ce genre de réponse faciale lorsqu'ils écoutent une femme. Pourtant, s'ils y parvenaient, ils auraient tout à y gagner.

### Conseil

Plutôt que de proposer vos conseils, essayez d'imiter subtilement les expressions faciales de votre partenaire lorsqu'elle vous raconte sa journée ou quoi que ce soit qui la concerne. Et laissez-la parler. Autrement dit, ne finissez pas ses phrases et ne l'interrompez pas pour corriger telle ou telle parole. Pour les femmes, les émotions et les sentiments sont ce qui importe, et le langage gestuel comme le ton de la voix constituent les principaux canaux de cette communication.

« Une fois, j'ai arrêté de parler à ma femme pendant six mois, raconte le mari. Je ne voulais pas l'interrompre. »

## … c'est à dire montrer *vraiment* qu'ils écoutent

Le cerveau féminin a une priorité : réussir à bâtir une relation à travers la parole. Comparez le « papotage » quotidien d'une femme à celui d'un homme. Ce dernier émettra quelque 2000 à 4000 mots et 1000 à 2000 sons vocaux ; il manifestera au maximum 2000 à 3000 signaux de langage gestuel. Sa moyenne quotidienne, pour cette communication plus ou moins verbale, s'établira donc autour de 7000 termes – un peu plus du tiers de la production féminine globale en la matière. C'est pourquoi, lorsqu'une femme est stressée, elle parle, parle et parle encore. Le processus verbal lui apporte réconfort et soulagement. Aussi, le plus précieux des conseils qu'on puisse donner à un homme, c'est d'écouter, tout simplement : en se servant des sons et des gestes associés à l'écoute. Même si le concept, en soi, paraît tout à fait étranger à l'homme, qui n'ouvre la bouche que s'il a quelque chose à dire ou une solution à proposer.

On vient d'inventer un lecteur mp3 qui pourra être implanté dans la poitrine féminine.
C'est parce que les femmes se plaignent du temps excessif que passent les hommes à regarder leurs seins au lieu de les écouter.

Les gestes clés qui prouvent que vous écoutez sont l'*inclination* et le *hochement de tête*. Ils témoignent de votre allégeance, ils ne sont pas menaçants et donnent au locuteur l'impression d'être entendu.

Quand une femme a fini de parler et qu'elle a l'impression que vous avez entendu ce qu'elle avait à dire, elle se sent soulagée et heureuse. En plus, elle pense que vous êtes un homme merveilleux de l'avoir ainsi écoutée, aussi passerez-vous probablement une très belle nuit…

Les hommes ne sont pas des as de la conversation, mais ils peuvent au moins apprendre à écouter.

**Le langage gestuel de l'amour**

**Règle n° 12**

Quand deux personnes vivent ensemble depuis longtemps et s'entendent bien, elles finissent souvent par se ressembler. Il y a deux raisons à cela : d'une part, nous sommes attirés par des partenaires qui nous ressemblent, d'autre part, les couples heureux sont constamment en train d'imiter ou de refléter leurs expressions faciales respectives. Avec le temps, les deux partenaires musclent les mêmes parties de leur visage par un effet de miroir. Et même quand les visages sont très différents, les couples peuvent se ressembler si on les prend en photo, car ils se servent du même sourire. Dans un mariage réussi, chacun des deux partenaires parvient à mimer les expressions de l'autre ; il apprend ainsi à être synchro.

# Les femmes doivent soigner leur apparence

> Il l'a épousée pour son look, mais pas celui qu'elle affiche ces derniers temps.

Qu'on le veuille ou non, notre apparence physique affecte notre capacité à attirer et à conserver un partenaire. Dans une relation durable, l'homme sera plus intéressé par la personnalité globale de la femme, par son intelligence et son sens de l'humour que par son corps, mais la beauté reste tout de même en tête de liste parmi les critères décisifs. Pour l'homme, les signaux visuels ont une grande importance. Aussi interprète-t-il inconsciemment ce qu'une femme va faire ou ne pas faire pour soigner son apparence comme autant d'indices du respect et des sentiments qu'elle lui voue. En son for intérieur, il pense que si elle consacre du temps à son apparence physique, c'est la preuve qu'elle veut lui plaire. L'une des plus grandes récriminations émises par les hommes engagés dans une procédure de divorce, c'est qu'après le mariage, leur femme a cessé de faire attention à elle, comme dans la chanson d'Aznavour « Tu t'laisses aller ». L'homme a l'impression qu'elle s'est servie de son physique pour l'attirer et qu'une fois mariée, elle estime ne plus avoir besoin de se casser la tête. La femme, elle, a du mal à comprendre qu'un homme puisse raisonner de la sorte, parce qu'elle l'aime quelle que soit son apparence à lui. Mais ainsi sont les hommes…

## Conseil

De nombreuses femmes enragent que leur apparence puisse encore attirer ou repousser leur partenaire, longtemps après leur engagement mutuel. Or, c'est une réalité de l'existence aussi naturelle que la météo, qui est parfois mauvaise : on ne va s'en lamenter pour autant ni protester que c'est injuste, ou organiser une manifestation contre la pluie. Mieux vaut au contraire se préparer aux impondérables climatiques en ayant toujours avec soi un parapluie, des gants… ou de l'huile solaire. Il en va ainsi de la psychologie masculine. Ne vous battez pas contre les hommes. Gérez-les.

---

« Tu m'aimeras encore lorsque je serai vieille avec les cheveux tout gris ?, demanda-t-elle. — Non seulement je t'aimerai, répondit-il, mais je t'enverrai des e-mails où que tu sois. »

---

Après le mariage

Avant le mariage

## Surtout, rappelez-vous que les hommes passent à côté des détails

*Gaëlle et Serge reviennent chez eux en voiture après avoir participé à une soirée. Après neuf minutes d'un épais silence, Serge commence à suspecter quelque chose.*

*« Tout va bien, chérie ? », demande-t-il.*
*— Oui, oui. Tout va très bien », répond Gaëlle.*
*La façon dont elle a souligné les mots « très bien » confirme à Serge que tout est loin d'aller aussi bien que ça. Il repense à la soirée.*
*« J'ai fait quelque chose qui ne t'a pas plu, ce soir ?*
*— Je n'ai pas envie d'en parler ! », lui réplique-t-elle.*
*Elle est donc en colère, et n'a pas envie de dire pourquoi. Dans le même temps, il ne réussit pas à se rappeler ce qu'il a pu faire d'inconvenant.*
*« Je ne sais pas ce que j'ai fait ! », plaide-t-il. Il dit vrai – il n'a tout simplement rien compris au film.*
*« Eh bien, d'accord, poursuit-elle, je vais te le dire, même si tu fais semblant d'ignorer de quoi il est question ! »*
*Mais il ne fait pas semblant. Il n'a sincèrement pas l'ombre de l'idée du problème qu'elle évoque.*
*« Cette bimbo t'a tourné autour toute la soirée ! Elle t'a envoyé tous les signaux possibles pour que tu la dragues et toi tu n'as cessé de l'encourager ! »*

*Pardon ? Là, Serge est complètement interloqué. Quelle bimbo ? Quels signaux ? La dispute ne fait que commencer.*

Comme vous le voyez, pendant que ladite « bimbo » (expression très féminine ; les hommes diraient plutôt la « bombe ») lui parlait, Serge n'a pas remarqué qu'elle roulait des hanches, pointait le pied dans sa direction, rejetait ses cheveux en arrière, se caressait la cuisse, massait les lobes de ses oreilles, câlinait le pied de son verre de vin de haut en bas et de bas en haut et gloussait comme une collégienne. Que voulez-vous, Serge est un chasseur… Il peut repérer un zèbre à l'horizon et vous dire à quelle vitesse il galope, mais il est dépourvu de cette capacité féminine à percevoir les signaux visuels, vocaux et gestuels révélant qu'une gazelle en leggins est prête à bondir… Toutes les femmes de la soirée ont remarqué le manège de la « bimbo » – sans avoir même besoin de l'observer. Comme si une « alerte pouf' » avait été émise et réceptionnée dans toute la pièce, par télépathie. La plupart des hommes, eux, sont passés complètement à côté de l'événement. Aussi, lorsqu'un homme placé dans cette situation assure qu'il dit la vérité, est-il probablement sincère. Le cerveau masculin n'est pas équipé pour capter ou identifier les délicates subtilités du langage corporel. Les femmes, elles, disposent de seize localisations cérébrales destinées à évaluer le comportement des autres (les hommes n'en ont que quatre à six). Voilà pourquoi une femme participant à un dîner ne tardera pas à deviner l'état des relations entre les autres couples présents : lesquels viennent de se disputer, qui aime qui, etc.

## Conseil

**Si vous êtes une femme et que vous souhaitez éviter les disputes avec votre partenaire, souvenez-vous que la plupart des hommes passent à côté des détails.**

Les hommes passent à côté des détails.

## Apprenez que l'honnêteté ne paie pas toujours

Lorsqu'une femme vous demande : « Tu ne trouves pas que cette robe me grossit ? », que lui répondez-vous ? Si vous connaissez un peu les femmes, vous allez rétorquer que la robe en question lui va bien, mais en pensant peut-être : « Ce n'est pas la robe qui te grossit, mais toutes les glaces et les pâtisseries dont tu te goinfres. » Si vous aviez exprimé le fond de votre pensée, cependant, elle vous aurait probablement jeté à la figure la plus belle porcelaine de la maison. De fait, si vous disiez systématiquement à votre partenaire toute la vérité, rien que la vérité, vous finiriez à coup sûr dans une complète solitude – ou en expert patenté des procédures de divorce. Pour préserver une relation, le pieux mensonge est vital. Il aide, en évitant de lui asséner la vérité froide et brutale, à faire en sorte que l'autre se sente à l'aise. Répétons-le : toujours dire la vérité fera de vous un être triste et solitaire. Le pieux mensonge est le lubrifiant qui facilite et fluidifie nos interactions avec autrui.

---

> La première question masculine à laquelle les femmes sont obligées de répondre par un mensonge, c'est : « Comment j'étais ? »

---

## Conseil

Apprenez à raconter à votre bien-aimé(e) de pieux mensonges, avec toute la conviction nécessaire : exercez-vous à la gestuelle des paumes ouvertes et du hochement de tête. L'autre personne en concevra le sentiment que vous dites la vérité, que vous êtes sincère, et cela vous évitera de vous faire casser la jambe.

« Honnêtement, ma chérie,
le sexe avec mon ex, c'était nul. »

Seuls les ennemis se disent la vérité. Les amis et les amants ne cessent de se mentir, pris dans la toile du devoir.

STEPHEN KING

## Le premier geste à éviter si l'on est un homme marié

Pointé en direction de quelqu'un, le pouce peut signifier le manque de respect ou le désir de ridiculiser l'autre. Ainsi, lorsqu'un homme se penche vers un ami et désigne sa partenaire du pouce avec un commentaire du genre : « Elle est sans arrêt sur mon dos », il y a tout lieu de penser que la scène de ménage est imminente. Le geste du pouce, ici, humilie ladite partenaire. On comprend que la plupart des femmes jugent extrêmement irritant d'être ainsi montrées du pouce, plus particulièrement de la part d'un homme. Dès lors, si vous êtes un homme et que vous tenez à votre relation, évitez d'utiliser de cette façon le premier de vos doigts : la femme le percevrait comme un geste très dépréciatif.

« 22, v'là la patronne ! »

## Au final, faites *avec* vos différences mutuelles, ne les combattez pas

L'évolution nous a dotés des aptitudes biologiques et sensorielles nécessaires à la survie. Parce qu'elles ont évolué dans un rôle qui les a conduites à élever et à nourrir, les femmes sont mieux à même de percevoir toutes les petites nuances du langage gestuel, les inflexions et signaux vocaux, et autres *stimuli* sensoriels.

> Les hommes et les femmes sont différents.
> Ni meilleurs ni pires les uns que les autres,
> mais différents.

Ce n'est pas tant que leurs sens soient plus développés, ce sont plutôt les sens masculins qui ont peu à peu perdu de leur vivacité. La femme, dans le monde de réceptivité aiguë qui est le sien, attend de l'homme qu'il déchiffre son langage verbal, vocal et gestuel, et qu'il anticipe ses besoins, comme n'importe quelle femme en serait capable. La femme tient pour acquis que l'homme saura ce qu'elle veut et ce dont elle a besoin ; quand il ne détecte pas ses signaux, elle se lamente : « Il est complètement insensible – il ne s'est aperçu de rien ! » On ne s'étonnera donc pas que 50 % des mariages échouent. La bonne nouvelle, c'est que la plupart des hommes peuvent apprendre à améliorer leur réceptivité aux messages vocaux et non verbaux. Les femmes, elles, doivent se faire à l'idée qu'elles ne changeront jamais les hommes. Pour partager une relation épanouie, il nous faut accueillir et faire avec nos différences plutôt que de les combattre.

# Conclusion

La communication par le langage gestuel existe depuis des millions d'années. Elle est la pierre angulaire de nos interactions avec le sexe opposé, cependant, dès qu'il s'agit de notre vie amoureuse, nous sommes nombreux à en perdre les codes. Dans tous les pays occidentaux et européens, les taux de mariages sont les plus bas jamais enregistrés en un siècle – moitié moindres, d'ores et déjà, qu'il y a vingt-cinq ans. En Australie, 28 % des adultes ne se sont jamais mariés. Aux États-Unis, 63 % de tous les nouveaux mariages s'interrompent prématurément. Partout, on assiste au développement explosif des rencontres sur Internet, du speed-dating et d'une infinité d'inventions toutes dédiées à la drague et à la séduction. De fait, les hommes ayant plus de mal que les femmes à rencontrer le sexe opposé, la plupart des « écoles de séduction », dans le monde entier, accueillent une majorité d'hommes. Par ailleurs, la plupart des couples qui se marient ou entament une cohabitation ont beaucoup de mal à entretenir leur relation sur le long terme. À qui la faute ? À la communication qui ne passe plus, disent-ils. À l'infidélité. À l'incompatibilité d'humeur et à d'« irréconciliables différences » entre les deux partenaires. En réalité, hommes et femmes ont surtout oublié les gestes du langage corporel et les signaux sur lesquels s'appuyaient leurs ancêtres.

Il est pourtant *possible* d'apprendre à mieux communiquer par le langage gestuel. Toutes les études en témoignent : lorsque l'on modifie son langage corporel, l'impact s'en ressent dans la plupart des comportements habituels. On est de meilleure humeur avant d'aller à une soirée, plus en confiance avec l'autre sexe, plus facile à aborder, et plus attirant. Quand votre langage gestuel s'améliore, vos interactions avec les autres évoluent, et eux-mêmes réagissent différemment. C'est pourquoi la compréhension du langage corporel et gestuel est si importante pour votre vie amoureuse. Un langage gestuel positif vous aidera à vous sentir mieux et à paraître plus séduisant(e) ; vos relations avec les autres en bénéficieront, vos liens avec vos partenaires se renforceront.

Les deux secrets d'un mariage épanoui

1. Chaque fois que vous avez tort, admettez-le.
2. Chaque fois que vous avez raison, taisez-vous.

Grâce au langage corporel et gestuel, vous pourrez deviner si la personne qui vous plaît est libre ou déjà engagée ailleurs, intéressée par une aventure d'une nuit ou une relation à long terme ; vous saurez rapidement si vous lui plaisez aussi ou si elle vous snobe. Le langage gestuel vous aidera à bâtir des relations saines et heureuses, il vous avertira si jamais quelqu'un est en train de vous trahir. Il vous permettra d'éviter disputes et conflits avec votre partenaire. Nous espérons que *Le Langage gestuel de l'amour* vous aura appris à interpréter à bon escient les signaux que les autres vous adressent, et à émettre vous-même, au meilleur moment, les signaux appropriés. Nous espérons vous avoir aidé à découvrir le formidable impact et les vertus positives que peut avoir le langage gestuel sur votre vie amoureuse.

Voici, pour finir, un bref rappel des clés d'une vie amoureuse réussie.

## Le langage gestuel et la séduction

**Visage :** gardez une expression vive et animée, ayez l'air abordable, ouvert(e) et intégrez le sourire à votre répertoire permanent.

**Territoire :** tenez-vous aussi proche de l'autre qu'il est possible et acceptable de le faire. Si l'autre personne recule, n'avancez pas davantage.

**Ayez des gestes amples :** évitez de croiser les jambes, les chevilles et les bras, et laissez visibles les paumes de vos mains.

**Contact visuel :** vous pouvez couler des regards prolongés en direction de ceux qui vous plaisent, mais assurez-vous de ne pas dépasser la quantité de contacts visuels appropriée afin de ne pas les effaroucher.

**Soulignez les différences sexuelles** pour attirer le sexe opposé. C'est aussi simple que de faire un peu plus attention à son apparence. Qu'on s'en réjouisse ou qu'on s'en désole, le look a de l'importance.

**Les femmes doivent envoyer des signaux clairs et dénués d'ambiguïté** aux hommes qui leur plaisent, mais aussi éviter de les bombarder prématurément de trop d'informations.

**Les hommes doivent apprendre à déchiffrer le langage gestuel des femmes avec plus de pertinence :** les femmes aiment à envoyer des signaux de séduction, mais dans la majorité des cas, ils manquent leur destination, les hommes – qui, du coup, n'osent pas se rapprocher de femmes avec lesquelles existe pourtant une attirance mutuelle.

## Le langage gestuel et la relation

**Les hommes doivent apprendre à développer leurs réactions faciales :** lorsque votre partenaire est en train de parler, servez-vous du hochement et de l'inclination de tête au lieu de lui proposer des solutions.

**Les femmes doivent se souvenir** que les hommes continuent d'attacher beaucoup d'importance à l'attirance physique, même lorsque la phase de séduction est terminée.

**Souriez souvent,** faites de l'humour et du rire les éléments centraux de votre relation afin de la modeler harmonieusement et de multiplier les occasions de joie partagée.

**Mimez** le langage gestuel de votre partenaire afin de consolider le lien qui vous unit et d'instaurer un climat harmonieux.

---

Ceux que l'on dit « heureux en amour » ont compris que les gestes et les expressions étaient plus importants que les paroles.

---

Les études réalisées ont permis de constater que le contenu verbal d'un message (les mots) n'entrait que pour 10 % dans son impact, contre 60 à 80 % pour le contenu non verbal, le reste pour l'intonation. À moins de disposer d'un don inné ou d'avoir appris à lire le langage gestuel, il est plus que probable que vous êtes passé, jusqu'à présent, à côté de tout ce qu'avait à vous dire, ou presque, le sexe opposé. Cet ouvrage, heureusement, vous a montré ce que vous avez manqué : votre vie amoureuse, désormais, va pouvoir monter en puissance !

# DES MÊMES AUTEURS

*Pourquoi les hommes n'écoutent jamais rien et les femmes ne savent pas lire les cartes routières*
First, 1999

*Pourquoi les hommes mentent et les femmes pleurent*
First, 2000

*Égaux, mais si différents*
First, 2003

*Testez votre couple*
First, 2004

*Comment vivre à deux*
First, 2004

*Pourquoi les hommes se grattent l'oreille et les femmes tournent leur alliance*
First, 2005

*Pourquoi les hommes détestent les courses de Noël et les femmes font tout un plat des repas de fête*
First, 2007

*La communication Pease*
First, 2008

*Pourquoi les hommes veulent du sexe et les femmes de l'amour*
First, 2009

*Tout ce que vous avez toujours voulu savoir sur les hommes et les femmes*
First, 2011